D1826886

Lucas-Preis

2016

Die Poesie hängt die weiße Flagge aus

von

Adam Zagajewski

Übersetzungen von
Jessica van 't Westeinde

Herausgegeben von
Jürgen Kampmann

Mohr Siebeck

Adam Zagajewski, geboren 1945; Studium der Psychologie und der Philosophie in Krakau; 1972 Debüt als Lyriker; Teilnahme an der demokratischen Opposition in Polen in den 70er-Jahren; unterrichtete an den Universitäten in Houston und Chicago; 2004 Neustadt International Prize for Literature; 2016 Jean Améry Preis; 2017 Princess of Asturias Award in Literature; lebt als freier Schriftsteller in Krakau.

ISBN 978-3-16-156084-2 / eISBN 978-3-16-156295-2
DOI 10.1628/978-3-16-156295-2

Die Deutsche Nationalbibliothek verzeichnet diese Publikation in der Deutschen Nationalbibliographie; detaillierte bibliographische Daten sind im Internet über *http://dnb.dnb.de* abrufbar.

Das Buch wurde von Computersatz Staiger in Rottenburg/N. aus der Bembo gesetzt und von Gulde Druck in Tübingen gedruckt.

Printed in Germany.

Inhalt

Poetry flies the white flag

by

Adam Zagajewski

Die Poesie hängt die weiße Flagge aus

von

Adam Zagajewski

We know what art is

We know what art is. We know so well the sensation
of happiness which is sometimes bittersweet, sometimes
just sweet like Turkish pastry. We appreciate
art because we want to know what does it mean to be alive.
We're alive it seems but we're not sure what does it amount to.
So we go places or just open a book at home.

We remember a moment of epiphany in front of a painting,
the color of the sky the day it happened.
We tremble when a cellist plays Bach suites
and when a piano sings.
We know the taste of a great poem
written three thousand years ago or yesterday.

We don't understand why sometimes in a gallery
we see and feel nothing, nothing at all. We don't know why
some books exhale the odor of forgiveness and other
keep their anger for centuries. We know and then we forget.
We're not sure why some art works are shut down like
Italian museums on a day of sciopero (strike).

Why our souls sometimes shut down
like Italian museums on a day of sciopero (strike).
Why is art silent when terrible things come about
and we don't even need it then – because terrible things
seem to fill the world completely, entirely.
We don't know what art is.

Wir wissen, was Kunst ist

Wir wissen was Kunst ist, wir kennen das Gefühl des Glücks,
das sie uns gibt, bisweilen schwer, bitter, bitter-süß,
manchmal auch nur süß, wie türkische Leckerbissen.
    Wir schätzen die Kunst,
weil wir wissen möchten, was unser Leben ist.
Wir leben, aber wir wissen nicht immer, was das bedeutet.
Also reisen wir, oder wir schlagen zu Hause einfach ein Buch auf.

Wir erinnern den Moment der Erleuchtung, als wir vor einem
    Bild standen,
vielleicht wissen wir auch noch, welche Wolken damals am
    Himmel schwebten.
Wir beben, wenn wir hören, wie der Cellist
eine Suite von Bach spielt, wenn wir das Klavier singen hören.
Wir wissen, was große Dichtung sein kann, ein Gedicht,
geschrieben vor dreitausend Jahren oder gestern.

Und dennoch verstehen wir nicht, warum uns bisweilen im Konzert
Gleichgültigkeit erfasst. Wir verstehen nicht, warum
manche Bücher uns Vergebung anzubieten scheinen
und andere ihren Zorn nicht verbergen. Wir wissen, dann
    vergessen wir es.
Wir können nur ahnen, warum es vorkommt, dass Kunstwerke
sich winden, schließen wie ein italienisches Museum bei
    Streik (sciopero).

Warum auch unsere Seelen sich manchmal winden und schließen
wie ein italienisches Museum bei Streik (sciopero).
Warum die Kunst schweigt, wenn schreckliche Dinge geschehen,
warum wir sie dann nicht brauchen – als würden die
    schrecklichen Dinge
die Welt vollkommen ausfüllen, komplett, bis unters Dach.
Wir wissen nicht, was Kunst ist.

Poetry flies the white flag

The title is exaggerated. Yet, it probably suits our historical moment. If we only look at the generation of outstanding poets which deserted us – years ago or recently. When I restrict myself to the poets in my mother tongue, Polish, it shows how the elite – Czesław Miłosz, Zbigniew Herbert, Wisława Szymorska, Tadeusz Różewicz – have gone from us. Besides the Polish there are Joseph Brodsky, Seamus Heaney, the two outstanding Swedish poets Tomas Tranströmer and Lars Gustafsson, a number of Americans, amongst others C. K. Williams, who is a poet of morality, and a friend. These great lyricists existed in two spheres: in the private sphere of intimate lectures – which is certainly important – but also in society, in the public space, as the Anglo-Saxons call it. These poets helped us, the readers, to survive and comprehend the disastrous events of the twentieth century. They did not change the world, but they were able to attenuate the blows that hit the ordinary people. It is quite likely that here we have to deal with an exceptional case, since in general lyrical poetry has had a limited influence in modern Europe. At best, she is accompanied by a sect of faithful devo-

Die Poesie hängt die weiße Flagge aus

Der Titel ist übertrieben. Doch er passt vielleicht zu unserem historischen Moment. Schauen wir nur – die Generation herausragender Dichter hat uns – schon vor Jahren oder auch unlängst – verlassen. Wenn ich mich auf die Dichter meiner Sprache, des Polnischen, beschränke, so ist die Elite – Czesław Miłosz, Zbigniew Herbert, Wisława Szymborska, Tadeusz Różewicz – von uns gegangen. Außerhalb Polens – Joseph Brodsky, Seamus Heaney, die zwei hervorragenden Schweden Tomas Tranströmer und Lars Gustafsson, einige Amerikaner, darunter C. K. Williams, ein Dichter der Moral, ein Freund. Diese großen Lyriker existierten in zwei Räumen, im Raum der privaten, intimen Lektüre, der sicher der wichtigste ist, aber auch in der Gesellschaft, im öffentlichen Raum – public space, wie die Angelsachsen sagen. Sie haben uns, den Lesern, geholfen zu überleben und die schrecklichen Ereignisse des 20. Jahrhunderts zu begreifen. Sie haben die Welt nicht verändert, aber sie waren imstande, die Schläge abzumildern, von denen die normalen Menschen getroffen wurden. Wir haben es hier wahrscheinlich mit einem außergewöhnlichen Fall zu tun, denn in der Regel hat die

tees, attentive professors and their students, many of them convinced by the meaning of the metaphor, whilst others are bored by it – but that is all. Yet, in my country there was more; not that I would want to say that the sale of volumes of lyrical poetry skyrocketed and that millions of my compatriots flocked the book shops – not quite; but there were more subtle ways in which literature enters the minds of people. There are definitely poems from the aforementioned authors which are known by every educated Polish person – "Armer Christ sieht das Ghetto" (Poor Christ sees the Ghetto) by Miłosz, "Nike wenn sie zögert" (Nike when she hesitates) by Herbert, "In der Mitte des Lebens" (In the midst of life) by Różewicz or "Die Katze in der leeren Wohnung" (The cat in the empty house) by Szymborska.

In a conversation with an acquaintance in the United States I recall saying, not without regret, that poetry has lost "its central position". Surprised, she looked at me and replied: "But she never had." She did not have it, that is to say, in the United States.

Young lyricists regard this differently – I think this is the case in many countries and in many languages. It is likely that every beginning poet (male or female) shivers before their debut publication, in expectation of colossal, even ground-breaking changes their book will set in motion. Then the first

lyrische Dichtung im neuzeitlichen Europa ein begrenztes Wirkungsfeld. Meist ist sie von einer Sekte treuer Bekenner begleitet, aufmerksame Professoren und ihre Studenten, manche von der Bedeutung der Metapher überzeugt, andere von ihr gelangweilt – das ist alles. Doch in meinem Land war es mehr; ich will nicht behaupten, dass die Auflagen von Lyrikbänden in die Höhe schossen, dass Millionen meiner Landsleute in die Buchhandlungen strömten – das nicht; aber es gibt subtilere Wege, auf denen die Literatur in die Köpfe der Menschen gelangt. Jedenfalls gibt es von den erwähnten Autoren Gedichte, die alle gebildeten Polen kennen – „Armer Christ sieht das Ghetto" von Miłosz, „Nike wenn sie zögert" von Herbert, „In der Mitte des Lebens" von Różewicz oder „Die Katze in der leeren Wohnung" von Szymborska.

In einem Gespräch mit einer Bekannten in den USA sagte ich einmal, nicht ohne Bedauern, die Dichtung habe „ihre zentrale Position" verloren. Sie schaute mich erstaunt an und erwiderte: „Die hatte sie doch noch nie." Die hatte sie nie, will heißen – in den USA.

Sehr junge Lyriker sehen das anders – ich denke, das ist in vielen Ländern und Sprachen so. Vermutlich jeder beginnende Dichter (ob männlich oder weiblich) zittert vor der Veröffentlichung seines Debüts in Erwartung kolossaler, ja geradezu erdbebenhafter Veränderungen, die dieses Buch bewirken wird.

two recensions appear, one benevolent, the other not: as a notification in a newspaper, and our poet stops shivering and starts to accustom himself. This is how poetry lives: in between the climax of spiritual heights and the humility of societal relevance. Only experienced authors already know this.

The title is thus risky. That said, poetry is risky – she exists today on the margins of societal interest, she occupies such a modest domain that even philatelists can look down on her. She is weak and humble. The major newspapers hardly publish any poems nowadays, unless it fits them for purely technical reasons to include any: as a page break. Most publishers shake their heads vigorously when they are presented with a manuscript of poetry. We do not publish poetry, they say.

Every reader and writer has their own, slightly different perception of poetry. Since you have invited me to picturesque Tübingen and since you seem curious to hear my opinion, I will take the risk and I will try to expound what poetry means to me. (Luckily there is not one single correct definition of poetry: there are only mosaic pieces of opinions, wishes, dreams, perceptions, which only lift a corner of the royal cloak.)

Dann erscheinen zwei Rezensionen, eine wohlwollend, die andere nicht, sowie eine Notiz in einer Zeitung, und unser Dichter hört auf zu zittern und beginnt sich zu gewöhnen. So lebt die Dichtung, zwischen dem Maximalismus der geistigen Höhenflüge und der Bescheidenheit der gesellschaftlichen Relevanz. Nur dass erfahrene Autoren dies schon wissen.

Der Titel ist also riskant. Aber Dichtung ist überhaupt riskant – sie existiert heute am Rande der gesellschaftlichen Interessen, sie ist eine so bescheidene Domäne, dass sogar die Philatelisten auf die Dichter herabsehen können. Sie ist schwach, bescheiden. Große Tageszeitungen publizieren kaum noch Gedichte, es sei denn, es passt ihnen aus rein technischen Gründen, beim Umbruch, gerade hinein. Die meisten Verleger schütteln entschieden und energisch den Kopf, wenn ihnen ein Gedichtband angeboten wird. Wir publizieren keine Lyrik, sagen sie.

Jeder von uns Lesenden oder auch Schreibenden hat eine etwas andere Vorstellung von Dichtung. Da Sie mich in das schöne Tübingen eingeladen haben und offensichtlich neugierig sind auf meine Meinung, gehe ich das Risiko ein und versuche zu erklären, was sie für mich ist. (Zum Glück gibt es nicht die *eine*, richtige Definition von Dichtung, es gibt nur Bruchstücke von Meinungen, Wunschträume, Auffassungen, die einen Zipfel des königlichen Mantels berühren.)

I guess that true poetry, true poesy, of the kind that is worth living for, which grants the greatest attentiveness, that one awaits the moment when she arrives and is otherwise tormented by her absence (in the irrevocable case of an author, who for a short period loses the ability to write, whose imagination is frozen like a pond in winter) – this true poetry cannot exist without the encounter with the spiritual world, without the spirit. And here we have a real problem. Here, the speaker has pronounced a most problematic word. Above all, an old-fashioned one. Perhaps even dangerous. For what is the spirit? If there were sober people among us, practical people, those who brew beer or who occupy themselves with – very useful – environmental issues, sustainable waste disposal, or with equally important academic research in the field of physics, biology: they would certainly be smiling now. For what is the spirit? The Germans have this word, "Geist," other languages have to help themselves out as well as possible, and have words like *spirit*, *esprit*, *liv*, and so on. Yet often they are not satisfied with this.

Yet, I just wanted to say (no problem!) what poetry is, not what spirit is. Nevertheless, that means I will still have to stay with this concept for a little while longer. Spirit. One word, old-fashioned like the chest of drawers you inherited from your grandmother. It

Ich denke, wahre Dichtung, wahre Poesie, eine, die es wert ist, dass man für sie lebt, ihr die größte Aufmerksamkeit schenkt, dass man auf den Moment wartet, da sie kommt und sich ansonsten mit ihrer Abwesenheit quält (in dem unvermeidlichen Fall eines Autors, der für eine gewisse Zeit die Fähigkeit des Schreibens verliert, dessen Phantasie gefroren ist wie ein Teich im Winter) kann nicht ohne die Begegnung mit der geistigen Welt, mit dem Geist existieren. Und da haben wir ein echtes Problem. Hier hat der Redner ein in höchstem Maße problematisches Wort ausgesprochen. Und ein altmodisches dazu. Vielleicht sogar gefährliches. Denn was ist der Geist? Wenn unter uns nüchterne Menschen wären, praktische, solche, die Bier brauen oder sich mit der – sehr nützlichen – umweltgerechten, nachhaltigen Entsorgung von Müll beschäftigen oder auch mit einer ebenfalls nützlichen wissenschaftlichen Arbeit auf dem Gebiet der Physik oder Biologie, so würden sie sicher jetzt lächeln. Denn was ist der Geist? Die Deutschen haben dieses Wort, Geist, andere Sprachen behelfen sich, so gut sie können, haben Wörter wie *spirit*, *esprit*, *liv* und so weiter, sind aber meist damit nicht zufrieden.

Doch ich wollte ja sagen (kein Problem!), was Dichtung ist, nicht was Geist ist. Dafür muss ich jedoch noch einen Moment bei diesem Begriff bleiben. Geist. Ein Wort, altmodisch wie die von Großmutter geerbte Kommode. Es tröstet mich, dass ich

is a comforting thought that I am guest of the Faculty of Theology, for at least here nobody will laugh at me – or if they do, only very discreetly so, like the ladies used to laugh in times past: covering their mouth with a batiste napkin. Many times I have tried to write about the spirit, not without fear. A vivid (ostensive) definition would be: when I listen to music attentively (which is not always the case, often I listen passively) I get the feeling that at that moment I know what life is, then I can grasp life's meaning, and a feeling of happiness overwhelms me (but it does not last very long). I have similar experiences when I read a poem of a Polish or German poet, for example one by Friedrich Hölderlin – who for many years lived a sequestered life in a room in the carpenter's house, not disturbing anyone –, or when reading a Greek or Russian poet's work. A poem which suddenly captures me in such manner that I experience great joy and great sorrow at the same time, exactly at the same time. Then, or a little while later, when the bitter-sweet terror has passed, then I know that I had a spiritual experience.

I will not get much wiser from this brief understanding that gave me such pleasure, but does not last forever and not even for longer: I will not be more intelligent afterwards. Will I be more mature? Perhaps after a series of similar experiences – yes, but it

Gast der Theologischen Fakultät bin, deshalb werde ich vielleicht nicht ausgelacht – oder nur ganz diskret, so wie früher feine Damen lachten, mit einem Battisttüchlein vor dem Mund. Ich habe schon viele Male versucht, über den Geist zu schreiben, nie ohne Angst. Eine anschauliche (ostensive) Definition wäre: Wenn ich aufmerksam, mit Begeisterung Musik höre (was nicht immer der Fall ist, ich höre sie oft mit verminderter Aufmerksamkeit), dann glaube ich für einen Moment zu wissen, was das Leben ist, dann scheine ich seinen Sinn begriffen zu haben, dann erfasst mich ein Glücksgefühl (aber es wird nicht lange anhalten). Oder wenn ich das Gedicht eines polnischen oder deutschen Dichters lese, zum Beispiel eines von Friedrich Hölderlin, der hier in Tübingen zurückgezogen viele Jahre bei dem Tischler Zimmer gelebt und niemanden gestört hat, oder eines griechischen oder russischen Dichters. Ein Gedicht, das mich plötzlich mit voller Kraft erreicht, so dass ich zugleich große Freude und großes Leid empfinde, gleichzeitig, absolut gleichzeitig. Dann – oder nach einiger Zeit, wenn der süß-quälende Terror schon vorbei ist – werde ich wissen, dass ich einen geistigen, einen spirituellen Moment erlebt habe.

Ich werde aus ihm nicht viel klüger hervorgehen, das kurz währende Verständnis, das mir soviel Lust verschafft hat, hält sich nicht für immer oder auch nur für länger, ich werde danach nicht intelligenter sein. Werde ich reifer sein? Vielleicht nach einer

would not help me in everyday life. On the contrary, it could make my life more difficult; I would probably be considered an eccentric or, paradoxically, a show-off who pretentiously considers himself dwelling in higher spheres than the rest of humanity which are glued to their television or go to night clubs. The one who thinks that he is better because he listens to Gustav Mahler, Bach, Chopin or Mozart rather than heavy metal.

However, this does not concern hedonism: it concerns the moment of this rare feeling of happiness. A spiritual moment is also a moment of reflection, but not a professional one, not one of experts. The poet suddenly becomes a philosopher, the philosopher a poet, the lawyer a musician. Such a moment allows us (how should I put it, not using big words) to win back a philosophical position: the world once again exists in all her complexity, the woods are once again an actual, rustling, fragrant forest and not just a resource for the furniture industry; the sea is once again a dangerous and impressive element and not a mere large aquarium in which a precisely-counted number of tuna fish and gold breams are swimming around; and again the blackbirds sing, not just for the ornithologists, but for us, who are not experts and who do not wish to become experts; once again altruism appears, that wonderful promise of transcendence;

ganzen Reihe solcher Erlebnisse – ja, aber im Leben
wird mir das nicht helfen. Im Gegenteil, es kann mir
das Leben schwerer machen, vielleicht werde ich als
Sonderling gelten oder paradoxerweise als Angeber,
der sich hochnäsig über den am Fernseher klebenden
oder in Diskotheken gehenden Rest der Menschheit
erhebt. Er denkt, er sei etwas Besseres, er hört Gustav
Mahler, Bach, Chopin oder Mozart und kein Heavy
Metal.

Aber es geht hier nicht um Hedonismus, es geht
nicht um den Moment dieses seltsamen Glücks. Ein
spiritueller Moment ist auch ein Augenblick der Re-
flexion, aber keiner professionellen, nicht der eines
Spezialisten. Der Dichter wird hier plötzlich zum
Philosophen, der Philosoph zum Dichter, der Jurist
zum Musiker. Dieser Moment erlaubt uns einen (wie
soll ich es sagen, um keine großen Worte zu gebrau-
chen) philosophischen Standpunkt wiederzugewin-
nen: Die Welt existiert wieder in ihrer Vielschich-
tigkeit, der Wald ist wieder ein wirklicher, rauschen-
der und duftender Wald und nicht Rohstoff, für den
die Möbelindustrie sich interessiert, das Meer ist
wieder ein gefährliches und großartiges Element
und nicht ein großes Aquarium, in dem genau ab-
gezählte Thunfische und Goldbrassen schwimmen,
wieder singen die Amseln, nicht für die Ornitholo-
gen, sondern für uns, die wir keine Spezialisten sind

once again we are children of the Lord – that is something which also applies to agnostics, I think.

One of the most prominent Polish poets of the twentieth century was Aleksander Wat, a man with an emotional and painful biography. He was born into a Jewish family in Warsaw, May 1900. The family was famous by its acclaimed descent from the medieval philosopher Salomo Ben Isaac Raschi. In his youth, Wat was inspired by the manifesto of the Futurists, and would later join the communist party. After a relatively short period of intensive avant-garde creativity he became a famous editor and adviser to publishers in Warsaw. Like many European communists he spent the years during the Second World War in Soviet prisons and in exile in Kazakhstan.

His Soviet years became for Wat a second university: fascinated as he had been in his early youth by freedom of speech, rebellion, and anarchism, in Soviet imprisonment and as the only futurist there, he now experienced a transformation. He returned to Greek *logos*, to the defence of meaning; he rediscovered the value of contemplation. He narrates about his life and his spiritual growth in his exceptional book "My Century" (published in German with the title "Jenseits von Wahrheit und Lüge"). It is an un-

und sein wollen, wieder erscheint die Uneigennützigkeit, das wunderbare Versprechen der Transzendenz, wieder sind wir Kinder des Herrn – das trifft auch auf Agnostiker zu, denke ich.

Einer der herausragenden polnischen Dichter des 20. Jahrhunderts war Aleksander Wat, ein Mann mit einer bewegten und schmerzhaften Biographie. Im Mai 1900 in Warschau geboren, in einer jüdischen Familie, die sich rühmte, von dem mittelalterlichen Philosophen Salomo Ben Isaak Raschi abzustammen, begeisterte sich Wat in seiner Jugend für das Manifest der Futuristen und trat später der kommunistischen Bewegung bei. Nach relativ kurzer Zeit eines intensiven avantgardistischen Schaffens wurde er ein bekannter Herausgeber und Berater von Warschauer Verlegern. Die Jahre des Zweiten Weltkriegs verbrachte er – wie viele europäische Kommunisten – in sowjetischen Gefängnissen und in der Verbannung in Kasachstan.

Seine sowjetischen Gefängnisjahre wurden für Wat zu einer weiteren Universität – der einstige Futurist, den in früher Jugend das freie Wort, das Aufrührerische, Anarchische, das „Anti-Bourgeoise" fasziniert hatte, machte in sowjetischer Gefangenschaft eine Wandlung durch, er kehrte zum griechischen Logos zurück, zur Verteidigung des Sinnes, er entdeckte den Wert der Kontemplation wieder. Über sein Leben und seine geistige Entwicklung erzählt er in dem großartigen Buch „Mein Jahrhundert" (auf

conventional book, risen from a dialogue, dictated, and the conversation with the ill poet has been recorded by none other than Czesław Miłosz.

After the war, lucky to have returned to Warsaw, Wat grows out to become – although not immediately – a sharp critic of communism. Above all, however, he experienced his resurrection as a poet, after years of silence. Once a futurist, he became aware what poetry is, and he was able to see its power to connect the ancient, the oldest, with the contemporary. The power of poetry which connects both Testaments, the Old and the New, the Jewish Bible and the Gospels. He was a *poeta doctus*, a learned poet; yet simultaneously he was a poet of sorrow (he suffered from an incurable nervous disease), one of those intellectuals who carried within them both the spirit of the new age as well as the long memory of our culture. When such a poet dies, it is as if the library of Alexandria burns to the ground again.

Once, he recorded in his "Diary without Vowels" (1963): "In order to write, I have to at least feel like the prince royal. Precisely like this, and not like a great author or a genius."

deutsch unter dem Titel „Jenseits von Wahrheit und
Lüge" erschienen), einem ungewöhnlichen Buch
schon allein deshalb, weil es aus einem Dialog entstanden ist, weil es diktiert wurde – und der das Gespräch mit dem erkrankten Dichter aufgezeichnet
hat, war kein anderer als Czesław Miłosz.

Nach dem Krieg, glücklich nach Warschau zu-
rückgekehrt, wurde Wat – wenn auch nicht sofort
– zu einem scharfsinnigen, unerbittlichen Kritiker
des Kommunismus. Aber vor allem erlebte er nach
Jahren des Schweigens seine Wiederauferstehung als
Dichter. Der einstige Futurist war sich bewusst, was
Dichtung ist, und sah in ihr eine Kraft, die das Alte,
Älteste, mit dem Aktuellen verbindet. Die sogar die
beiden Testamente, das alte und das neue, die jüdische Bibel und das Evangelium verbindet. Er war ein
poeta doctus, ein gelehrter Dichter – doch zugleich
ein Dichter des Schmerzes (er litt an einer unheilba-
ren Nervenkrankheit), einer jener Intellektuellen, die
das Gedächtnis der neuen Zeit, aber auch das lange
Gedächtnis unserer Kultur in sich trugen. Wenn so
ein Dichter stirbt, brennt noch einmal die Bibliothek
von Alexandria.

In seinem „Tagebuch ohne Vokale" notierte er
einmal (1963): „Um zu schreiben, muss ich mich wie
ein Königssohn fühlen, mindestens. Genau so, und
nicht wie ein großer Schriftsteller, nicht wie ein Genius."

A king's son! Not king, not ruler, not someone who builds and destroys, who could grant mercy to a convict; not someone who gives orders, who leads an army from their barracks or allows them to return. The king's son has but one power: it is to him that the future belongs, it is to him that the transcendence of the future belongs, so to speak. He does not have anything concretely at hand: he only has the promise of greatness, and all of this only in the middle of a game, in laughter, during a stroll – because he is but a very young prince.

A king's son, a true prince royal, a genuine or perhaps better a genetic heir is always son of the king: in summer as well as in winter, day and night, he might recall it in the morning when he wakes up – oh yes, I am the king's son – and then he falls asleep again … And at breakfast the thought occurs to him anew, or perhaps only a whiff of a thought: I am the prince royal, I would like another coffee. In contrast, the poet is only seldom a royal son, very rarely, and it is certain that he could not fall asleep in this sweet conviction. If anything, it would lead to insomnia: the transient, short-lived, sweet certitude does not have a soporific effect. On the contrary, because this conviction awakens the poet energetically and as such, it works as a stimulator.

Ein Königssohn! Nicht König, nicht Herrscher, nicht jemand, der aufbaut und zerstört, der einen Verurteilten begnadigen kann, nicht jemand, der Befehle gibt, der eine Armee aus der Kaserne herausführt oder sie wieder zurückkehren lässt. Der Königssohn hat nur eines, ihm gehört die Zukunft, ihm gehört sozusagen die Transzendenz der Zukunft. Er hat nichts Konkretes in der Hand, er hat nur das Versprechen der Größe, und all das – wenn er ein sehr junger Königssohn ist – mitten im Spiel, im Lachen, auf dem Spaziergang.

Nur dass ein Königssohn, ein echter Thronfolger, ein echter oder vielleicht besser ein genetischer, dies immer ist, nonstop, er ist es im Sommer wie im Winter, bei Tag und bei Nacht, vielleicht erinnert er sich sogar morgens, wenn er erwacht, daran – ach ja, ich bin der Sohn des Königs, und schläft dann wieder ein … Und beim Frühstück kommt ihm erneut der Gedanke in den Sinn, oder auch nur ein Hauch des Gedankens – ich bin der Thronfolger, ich möchte noch einen Kaffee. Der Dichter dagegen ist nur selten ein Königssohn, sehr selten, und mit Sicherheit kann er nicht in dieser süßen Überzeugung einschlafen, wenn auch nur deshalb, weil die vorübergehende, kurzlebige und süße Gewissheit nicht einschläfernd, sondern – im Gegenteil – anregend wirkt, weil sie ihn energisch aufweckt, und wenn sie zu etwas führt, dann zu Schlaflosigkeit.

This condition is a gift for the poet, by Aleksander Wat beautifully labelled the 'king's son status': a sparingly allocated gift that will always be withdrawn again without giving reason no matter how often this occurs. In contrast to the totalitarian ruler, the king's son is dependent on powers we know very little about.

If I had to give a definition, I would say: to speak about the spirit is to speak about poetry, about lyric. For genuine poetry results from the encounter with the spirit, is dyed with questions, with inspiration, with certitude and doubt: this colours poetry like metal – not necessarily heavy metal – is coloured by a fire test. Who among us in our childhood, and to much dismay of our parents, did not try to hold a silver or silver plated spoon (or a common, cheap one) in the fire, in the flame of a burning candle, or in the torch of a camping stove? Then think of our childlike horror when we figure that the discolouring cannot be removed: not by washing-up liquid, not by sponge, not a cloth can remove the stains … And our parents will soon be home. The discolouration cannot be undone. What terrifies a child (and annoys the parents) could be a privilege for mature adulthood, a privilege to those who have experienced such a moment: the discolouration cannot be removed, the encounter with the spirit leaves its traces.

Für den Dichter ist dieser Zustand, diese Kondition, die Aleksander Wat so schön die des Königssohns genannt hat, ein Geschenk – ein sparsam zugeteiltes und immer wieder entzogenes Geschenk, ohne Angabe von Gründen, im ersten wie im zweiten Fall. Der Königssohn ist, im Gegensatz zum absoluten Herrscher, von Mächten abhängig, von denen wir nicht viel wissen.

Wenn ich eine Definition geben müsste, würde ich sagen: über den Geist sprechen heißt auch über Poesie, über Dichtung sprechen. Denn echte Dichtung kommt aus der Begegnung mit dem Geist, färbt sich mit Fragen, mit Begeisterung, mit Gewissheit und mit Zweifel, färbt sich damit wie Metall – nicht unbedingt Schwermetall – , das die Feuerprobe überstanden hat. Wer von uns hat als Kind, zum Schrecken der Älteren, nicht versucht, einen silbernen, versilberten oder auch billigen, gewöhnlichen Löffel ins Feuer zu halten, in die Flamme einer Kerze oder sogar in den Brenner eines Gaskochers? Und dann unser kindliches Entsetzen, wenn wir bemerken, dass die Verfärbung nicht mehr zu beseitigen ist, dass nichts hilft, weder Geschirrspülmittel noch ein Schwamm, kein Lappen, nichts … Und gleich werden die Eltern nach Hause kommen. Die Verfärbung lässt sich nicht mehr wegwischen. Und was das Kind mit Angst erfüllt (und die Eltern verärgert), ist vielleicht für das reife Alter ein Privileg, ein Privileg derer, die solche Momente erfahren haben: Die Verfär-

This discolouration – or better, this colouring – could be understood as the essence of poetry, the essence of lyric. The trace of fire on metal.

Joseph Brodsky writes in one of his essays: "We cannot reconstruct the events of the past, just as little as we can grasp the meaning of our existence." We do not know the meaning of our existence and will never do. The engineers among us (with the exception of Hans Castorp) will comment: then give up your futile attempts, humanists. Still, the persistence of the question, which will never give a definite answer, is something indispensable; and in this guard-room in which our humanists alternate between sleeping and waking, we also find poets and philosophers, even though they often resent one another.

I am not a theologian: after a short discourse on the spirit (short as all these encounters) I have to move in a different direction, a thoroughly unprofessional one. Poets in our age risk a lot if they only raise themselves up to the spirit and neglect the imminent. They sound archaic and risk being cut off from their readers, they are condemned to exultation and are often met with resistance from our dear, cheerful – but so small – audience. Years ago, I was met with reprimands from critics and readers when I pub-

bung lässt sich nicht mehr beseitigen, die Begegnung mit dem Geist hinterlässt etwas.

Vielleicht ist diese Verfärbung – oder besser gesagt, diese Färbung – das Wesen der Poesie, der Dichtung. Die Spur des Feuers auf Metall.

Joseph Brodsky sagt in einem seiner Essays: „Wir können die Ereignisse der Vergangenheit nicht rekonstruieren, genausowenig wie wir den Sinn unserer Existenz begreifen können." Wir kennen den Sinn unserer Existenz nicht und werden ihn nie erkennen. Die Ingenieure unter uns (mit Ausnahme von Hans Castorp) werden an dieser Stelle sagen – dann lasst eure vergeblichen Versuche sein, Humanisten. Und dennoch ist das Verharren in dieser Frage, die uns nie eine endgültige Antwort bringen wird, etwas Unabdingbares, und in dieser Wachstube, in der unsere Humanisten abwechselnd dösen und wachen, sind auch Dichter und Philosophen anzutreffen, wenn sie einander auch manchmal grollen.

Ich bin kein Theologe: Nach der kurzen Begegnung mit dem Geist (kurz wie alle diese Begegnungen) muss ich in eine andere Richtung gehen, in eine durchaus laienhafte. Denn in unserer Zeit riskieren Dichter, die sich nur zum Geist hochschrauben und die Ebenen vernachlässigen, viel, sie schlagen einen wenig modernen Ton an, riskieren, komplett abgeschnitten zu werden vom Leser, sind zu Exaltation verurteilt und treffen auch auf trotzigen Widerstand unseres lieben, heiteren – und so kleinen – Publi-

lished a text which was a hymn to 'lofty style', on the sublime, where I tried to take any pathos away from this term and yet I tried to defend something that transcends the triviality of our consumerism, some-thing that transcends omnipresent sociology which is only able to see and describe the platonic "big beast" without wanting to pay attention to the individual soul. Without irony and without discarding humour (which I have never done), I suggested also directing our attention to something higher, something which I cannot quite define – but then again, I am neither a theologian nor an ideologist.

It is not that I got lynched, but I was the subject of sharp criticism: even some of my friends were hard on me. They were convinced that I was advocating a long-passed, archaic mentality which is completely detached from contemporary needs and contempo-rary diction. They defended what one calls "conver-sational style," a form of lyric that does not differ from our conversations. However, they probably did not understand me correctly: it is not my intention to advocate a division, a parting from our contempo-rary language. Language (I thought) is not something bad, she does not need to search for a "lofty style" as in classical rhetorical categorisation, but at the same time she should not lose contact with the 'Other'. She

kums. Als ich vor Jahren einen Text publizierte, der
ein Loblied auf den „hohen Stil" sang, auf das Er-
habene, in dem ich mich bemühte, diesem Termi-
nus jegliches Pathos zu nehmen und dennoch etwas
zu verteidigen, das über die Trivialität unseres Kon-
sumlebens hinausgeht, über die allgegenwärtige So-
ziologie, die nur das Platonische „Große Tier" sieht
und beschreibt und keine Zeit an die einzelne Seele
verschwenden will, wurde ich von einigen Kriti-
kern und Lesern gerügt. Ohne die Ironie abzuleh-
nen, ohne den Humor zu verachten (was ich nie getan habe), schlug ich vor, die Aufmerksamkeit auch
auf etwas Höheres zu richten, etwas, das ich nicht genau definieren kann – denn ich bin weder Theologe
noch Ideologe.

Ich wurde zwar nicht gelyncht, aber scharfe Kritik
blieb mir nicht erspart, sogar einige meiner Freunde
gingen mit mir ins Gericht. Sie waren der Meinung,
ich stünde auf der Seite einer vergangenen, archai-
schen Mentalität, die losgelöst sei von den heutigen Bedürfnissen und der heutigen Ausdrucksweise.
Sie verteidigten das, was man den Konversationsstil
nennt, verteidigten die Lyrik, die nicht von unseren
Gesprächen abweicht. Aber vielleicht haben sie mich
nicht richtig verstanden – eine solche Spaltung wollte
ich nicht, eine Abwendung von der Sprache unserer
Zeit. Die Sprache (so dachte ich) ist nichts Schlech-
tes, sie muss keinen „hohen Stil" suchen im Sinne
der früheren Einteilung der Rhetorik – aber sie sollte

should not disavow every 'colouration' from the encounter with the flame.

However, it is not because of this criticism that I now turn to the other side, to that part of reality that is completely lay, the part that is being laughed at or cried for; that part of humanity that opts for soberness and normality, that prefers to opt for ordinary, usually innocent occupations. All these people who like to go to the cinema and enjoy an ice cream afterwards, who like to have ice cream on a terrace on a beautiful evening in May, with a feeling of security and of duties accomplished. These same people who during business days work very hard and who are concerned for their health; people who quarrel with their superiors; who get sick and then get well again; who travel, keep an eye on the stock exchange, watch football, who age and look into the mirror; people who listen to birds singing; who follow the polls for the elections (often with great interest – our passion for politics allows us to forget, at least to a certain extent, that we are mortal beings).

"What is poetry, when she does not save nations nor people?" Czesław Miłosz asks in his beautiful poem "Preface". Poetry, lyric, only survives because she does not distance herself from everyday life, from what is normal like bread. She survives because she

nicht den Kontakt zu diesem Anderen verlieren, sie
sollte nicht jene „Färbung" verleugnen, die Begegnung mit der Flamme.

Doch nicht unter dem Einfluss dieser Kritik
möchte ich mich jetzt der anderen Seite zuwenden,
dem Teil der Wirklichkeit, der vollkommen laien-
haft ist, der verlacht oder beweint wird, dem Teil der
Menschheit, der das Nüchterne, das Normale wählt,
der gewöhnliche, in der Regel unschuldige Beschäf-
tigungen vorzieht. All den Menschen, die gern ins
Kino gehen, um sich einen neuen Film anzusehen,
und es lieben, danach Eis zu essen, an einem Mai-
abend auf der Terrasse eines Cafés Eis zu essen, in einem Gefühl der Sicherheit, im Gefühl ordentlich er-
füllter Pflichten; die aber an anderen Wochentagen
hart arbeiten und sich um ihre Gesundheit sorgen,
die sich mit Vorgesetzten streiten, krank und wieder gesund werden, auf Reisen gehen, die Börsen-
kurse beobachten, sich Fußballspiele ansehen, die äl-
ter werden, in den Spiegel schauen, dem Gesang der
Vögel lauschen, die die Ergebnisse der Wahlen ver-
folgen (manchmal mit großem Interesse – denn die
Leidenschaft für Politik lässt uns bis zu einem gewissen Grad vergessen, dass wir sterblich sind).

„Was ist Poesie, wenn sie weder Völker noch Menschen rettet?" fragt Czesław Miłosz in dem schönen
Gedicht „Vorwort". Die Poesie, die Dichtung über-
lebt nur dadurch, dass sie sich nicht vom Alltäglichen
abwendet, von dem, was gewöhnlich ist wie das Brot,

takes into account the lives of normal people, she shows solidarity with them. Poetry does search for a higher order, but does not boast about it, and she always returns to the humble, ordinary people and matters. And when she does this, not just for ethical reasons, it is because poetry takes power from two sources rather than from just one. She strengthens her search to what is above us (how poor the metaphors are in this regard), yet she also needs the contact with the earth, with the fate of its creatures, with the city, the street, on which one meets dozens of people and dozens of people's faces. Poetry tries to contemplate every single one of them. Poets like to guess what life lies behind these faces – and as such they differ from a novelist.

A novelist who walks through the same street will also observe the passers-by: he will ask them for their date of birth, the social status of their parents; the novelist will interpret the bitter smile of a person as a trace of the deception of love, and he will inquire about the circumstances – what did he say, what did she say. The poet is not interested in these details. He is only interested in the essence of each face, not unlike the creator of a fragrance who only wishes to take the scent from flowers. Yet, this comparison is not good because a poem has nothing in common

dass sie den normalen Menschen berücksichtigt, mit ihm solidarisch ist, dass sie zwar das Höhere sucht, sich aber nicht mit ihm brüstet, sondern immer zu den demütigen, gewöhnlichen Menschen und Dingen zurückkehrt. Und wenn sie das tut, dann nicht nur aus ethischen Gründen, sondern auch und vielleicht vor allem deshalb, weil sie ihre Kraft aus zwei Quellen schöpft, nicht nur aus einer; es stärkt sie die Suche nach dem, was über uns ist (wie arm die Metaphern auf diesem Gebiet sind), doch sie braucht auch den Kontakt mit der Erde, mit dem Schicksal ihrer Angehörigen, mit der Stadt, der Straße, auf der sie Dutzende von Menschen, Dutzende von menschlichen Gesichtern sieht, und sie versucht, jedes zu betrachten; sie möchte das Leben, das sich in diesen Gesichtern verbirgt, erraten – anders als der Romanschriftsteller.

Der Romanschriftsteller, der durch dieselbe Straße geht, wird sich ebenfalls die Passanten anschauen, er wird nach dem Geburtsdatum und dem sozialen Status der Eltern fragen, wird in dem bitteren Lächeln einer Person die Spur einer Liebesenttäuschung erkennen wollen, wird nach den Umständen fragen – was er gesagt hat, was sie gesagt hat. Den Dichter interessieren diese Einzelheiten nicht, er möchte nur die Essenz jedes Gesichtes erfassen, wie die Hersteller von Parfüm, die den Blüten nur ihren Duft nehmen. Aber auch dieser Vergleich ist nicht

with a fragrance: it is more similar to a piece of bread than to a bottle of parfume.

In a forgotten essay dedicated to the imagination, the English author Charles Morgan (in the 1930s in a lecture at the Sorbonne) argued that the creative act of fantasy is essentially ecstatic and therefore closer related to a prayer or a mystical experience; its essence is not intellectual, and therefore less related to a philosophical treatise or the debates of learned humanists. However, this ecstatic act should not distance itself from reality. It is not merely a reflection of itself, it is not narcissistic: it needs human faces and fate, it turns to these faces (especially in our wounded era), looks for matter that could be transformed into a poem, into art. The act of fantasy searches for the concrete, because poetry today cannot detach herself from the concrete, it cannot speak abstractly of "birds" and "trees": with chirurgical precision, poetry has to frame a concrete moment and a specific place. The reader knows that he deserves something concrete and not a generalisation. Others can generalise, such as philosophers, politicians, sociologists, even theologians – but evidence for a "genuine" poem is the seal of the concrete. It is in this metamorphosis, in this alchemic transformation, where the poet encounters the spirit. Perhaps this is necessary. The metamorphosis would probably not have taken place if the spirit had not touched at some point the poet with its wings.

gut, das Gedicht hat nichts mit Parfüm gemein, es ist einem Stück Brot näher als einem Parfümfläschchen.

In einem vergessenen, der Vorstellungskraft gewidmeten Essay hat der englische Schriftsteller Charles Morgan einst (in den dreißiger Jahren, in einem Vortrag an der Sorbonne) darauf hingewiesen, dass der Akt der schöpferischen Phantasie seinem Wesen nach nicht intellektuell, sondern ekstatisch und dadurch dem Gebet oder dem mystischen Erlebnis näher ist als dem philosophischen Traktat oder den Erörterungen gelehrter Humanisten. Aber dieser ekstatische Akt muss sich von einer Wirklichkeit nähren. Er ist nicht nur ein Spiegelbild seiner selbst, er ist nicht narzistisch, er braucht menschliche Gesichter und Schicksale, er wendet sich der Geschichte zu (vor allem in unserer verletzten Epoche), sucht nach Materie, die er in ein Gedicht, in Kunst umgestalten kann. Er sucht das Konkrete, denn die Lyrik kann sich heute nicht vom Konkreten lösen, kann nicht abstrakt von „Vögeln" und „Bäumen" reden, sie muss – was sehr schwierig ist – mit chirurgischer Präzision einen konkreten Moment, einen konkreten Ort festlegen. Der Leser weiß, dass ihm etwas Konkretes zusteht, nicht die Verallgemeinerung. Mögen andere, Philosophen, Politiker, Soziologen, sogar Theologen verallgemeinern – aber der Beweis für ein „echtes" Gedicht ist der Stempel des Konkreten. In dieser Metamorphose, in dieser alchemistischen Verwandlung kommt dem Dichter die Begegnung mit dem Geist

This is neither a simple nor a self-evident matter. Please remember that we live in an age of irony, but here we require an ecstatic act. Today it is a difficult task to write a poem, a challenge to the air we breathe – if it is not to be taken as yet another bow to the god of irony. The ecstatic act cannot be marked by irony. Either … or. Even the shortest ecstatic moment is in some way a praise of existence. This does not merely concern the "psychology" of this moment, but also – necessarily so – the poetic thesis from which the resulting poem is saturated. (This is not the place to discuss how the "poetic thesis" is different from the general understanding of "thesis" or *statement*; they differ fundamentally). As Emil Cioran has put it: "The Holy Spirit is not a sceptic."

This is perhaps why young poets often appear to be ashamed to read their poems to an audience, and therefore they read it badly; one often notices how they read it intentionally with a certain distance, reluctantly, as if they are presenting a suspicious object to their listeners. They are fully aware that when they are facing the public today, that they find them-

gelegen. Vielleicht ist sie geradezu notwendig. Womöglich wäre es nie zu der Metamorphose gekommen, wenn der Geist unseren Dichter nicht eines Tages mit dem Flügel gestreift hätte.

Das ist weder einfach noch selbstverständlich. Denken Sie bitte daran, wir leben im Zeitalter der Ironie, aber wir brauchen hier einen ekstatischen Akt. Das Schreiben eines Gedichts ist heute – wenn es nicht eine weitere Verbeugung vor dem Gott der Ironie sein soll – eine schwierige Aufgabe, eine Herausforderung an die Luft, die wir atmen. Der ekstatische Akt kann nicht von Ironie gekennzeichnet sein. Entweder – oder. Sogar der kürzeste ekstatische Augenblick ist auf irgendeine Art ein Lob des Daseins – und das betrifft nicht nur die „Psychologie" dieses Augenblicks, sondern auch – notwendigerweise – die poetische These, von der das so entstandene Gedicht gesättigt ist. (Hier ist nicht der Ort für eine Diskussion, wodurch die „poetische These" sich von der „These" im allgemeinen, vom *statement*, unterscheidet; sie unterscheidet sich grundlegend.) Wie Emil Cioran sagte: „Der Heilige Geist ist kein Skeptiker."

Vielleicht deshalb scheinen sehr junge Lyriker, wie man oft bemerken kann, wenn sie ihre Gedichte vor Publikum lesen sollen, sich manchmal zu schämen, und lesen daher schlecht, mit Distanz, fast mit Widerwillen, absichtlich, als präsentierten sie ihren Zuhörern ein verdächtiges Objekt. Sie wissen genau, wenn sie heute vor einem Publikum stehen, dass sie

selves in the age of irony, they feel the gaze of their peers who sense ridiculousness; after all, nowadays no Spanish mystics attend these lectures. Nevertheless, some of these young authors still remember quite well that they wrote their – more or less successful – poems, so to speak, in a different century: the era of ecstasy, in a state of enlightenment, in agony and enthusiasm of inspiration. And how are they to combine these contradicting elements? It is impossible. How are they to live in two centuries simultaneously.

Nowadays poets do not wish to hear anything about these things – about the two vectors of poetry. They love irony, which enables them to protect themselves from emotion. We live in an age where – as I mentioned earlier – the generation of the 'serious' poets has become extinct: the poets who have dealt with the world, who tried to understand the catastrophe of the twentieth century drowned in the blood of innocent victims; who tried to safeguard the continuity of spiritual life threatened on the one hand by totalitarianism, on the other by boredom, by the most stupid and most trivial mass culture has to offer.

sich im Zeitalter der Ironie befinden, sie spüren auf sich die Blicke ihrer Zeitgenossen, die jede Lächerlichkeit wittern, schließlich kommen heutzutage zu den Lesungen keine spanischen Mystiker. Aber zumindest einige unter den jungen Autoren können sich gut daran erinnern, dass sie ihre – mehr oder weniger gelungenen – Gedichte sozusagen in einem anderen Jahrhundert geschrieben haben, im Zeitalter der Ekstase, im Zustand der Erleuchtung, in der Qual und der Begeisterung der Inspiration. Und wie sollen sie diese widersprüchlichen Elemente vereinen? Es ist unmöglich. Wie sollen sie gleichzeitig in zwei Jahrhunderten leben?

Die Dichter wollen heutzutage nichts hören von diesen Dingen – von den zwei Vektoren der Dichtung. Sie lieben die Ironie, die es ihnen erlaubt, sich vor Rührung zu schützen. Wir leben in einer Zeit, da – wie ich vorhin schon sagte – die Generation der „ernsthaften" Dichter ausgestorben ist, der Dichter, die sich mit der Welt auseinandergesetzt haben, die versuchten, die Katastrophe des im Blut unschuldiger Opfer versinkenden 20. Jahrhunderts zu begreifen, die versuchten, die Kontinuität des geistigen Lebens zu bewahren, das von Totalitarismus einerseits und Langeweile andererseits bedroht war, vom Dümmsten und Trivialsten, was die Massenkultur zu bieten hat.

Had I been willing – as an extreme conservative which I am not and do not wish to be – to completely condemn the contemporary age (which in addition has many concerns and problems of a different degree), I would also have to negatively judge myself. The honourable jury would not be satisfied, because they would equally fall victim to my pessimism, and the same would go for the innocent audience. Nobody would want that.

Furthermore, we know that this kind of judgement, of condemnation, embodies a certain hope that it is not quite like that; one who speaks about the end, about decay – bitterly and with sadness –, expresses in between those lines of complaint a hope that not all may be lost. Otherwise he would not say anything, like those old men whom we encounter so often on the street or on the market, who murmur something without wanting to be understood.

This discolouration – or more like colouration, to avoid any negative connotation, metal and flame, only good; yet many poets and many of their readers will immediately say: this is not what we want, again you profile yourself against the morale of our era, which is ironic, just like liberalism which is ironic, and the latter grants us all freedom (except the fanatics and ideologists) – and this freedom has to be ironic. We make use of this freedom: our lukewarm poems not only are no treason to freedom, they are

Würde ich aber – wie ein extrem Konservativer, der ich nicht bin und nicht sein möchte – die gegenwärtige Epoche (die im übrigen so viele Sorgen und Probleme anderer Art hat) vollständig verdammen, müsste ich auch über mich selbst ein negatives Urteil fällen, und damit wäre die verehrte Jury gar nicht zufrieden, denn auch auf sie würde dann der Schatten meines Pessimismus fallen, und sogar auf das unschuldige Publikum. Und das will niemand.

Im übrigen wissen wir, dass diese Art von Urteil, von Verdammung, eine gewisse Hoffnung enthält, dass es doch nicht so sei; wer – bitter und mit Wehmut – vom Ende, vom Zerfall spricht, der drückt zwischen den Zeilen seiner Klage auch die Hoffnung aus, dass noch nicht alles verloren sein möge, andernfalls würde er ja gar nichts sagen, wie die alten Männer, die wir manchmal auf der Straße oder auf dem Markt sehen, die etwas vor sich hinmurmeln, ohne verstanden werden zu wollen.

Diese Verfärbung – oder eher Färbung, um jede Spur des Negativen zu vermeiden, Metall und Flamme, nun gut; aber viele Lyriker und viele ihrer Leser werden gleich sagen: Das wollen wir gar nicht, wieder richten Sie sich gegen die Verfassung unserer Epoche, die ironisch ist, wie auch der Liberalismus ironisch ist, der uns allen (außer den Fanatikern und Ideologen) die Freiheit schenkt – und die Freiheit muss ironisch sein. Wir nutzen diese Freiheit, unsere lauwarmen Gedichte sind nicht nur kein Verrat an der

its warranty. Our lyric is liberal, and precisely you, who fight in your own country for the return of liberal values in politics, you should understand this, and not try to force feudal obligations upon us.

Still, contemporary poetry is the heir of the great artists of the past. One of the fundamental dilemmas of poetry concerns the principal contradiction between the two apparently indispensable vectors of their functioning. On the one hand poetry will decay if she does not to a certain degree recreate this magical aura by which it was encapsulated in better times. The aura without which not a single poem by John Keats or Friedrich Hölderlin would have been written; the aura which – as the historians of ideas know – has been extinguished by the advance of rationalism. Modernity, a concept difficult to define, and its history, is not conducive to the preservation, but without it we cannot understand our world and its history.

But the road which could lead to a kind of restoration of the aura still blocks another postulate, which has also arisen from history, yet from its dark and demonic pages. We, who live and think now, cannot forget the Holocaust. It does not matter if a poet lives in Portugal or in Krakow: he cannot completely neglect this event which has left its mark on European

Freiheit, sondern geradezu ihre Garantie. Unsere Lyrik ist liberal, und gerade Sie, der Sie in ihrem Land für die Rückkehr zu liberalen Regeln im politischen Leben kämpfen, müssten das doch verstehen; und nicht versuchen, uns feudale Pflichten aufzuerlegen.

Und doch ist die heutige Lyrik die Erbin der großen Künstler der Vergangenheit. Eines der grundlegenden Dilemmata der Dichtung beruht auf dem prinzipiellen Widerspruch zwischen den beiden, wie es scheint, unabdingbaren Vektoren ihres Funktionierens. Auf der einen Seite geht die Dichtung unter, wenn sie nicht bis zu einem gewissen Grad die magische Aura wiedererschafft, die sie in ihren besseren Zeiten umgeben hat, die Aura, ohne die sicher kein einziges Gedicht von John Keats oder Friedrich Hölderlin entstanden wäre, und die von den – den Ideengeschichtlern wohlbekannten – Fortschritten des Rationalismus ausgelöscht worden ist. Die Moderne, ein so schwer zu definierender Begriff, ohne den wir jedoch unsere Welt und ihre Geschichte nicht verstehen können, ist der Erhaltung jener leuchtenden Aura nicht förderlich.

Doch den Weg, der zu einer Art Restaurierung der Aura führen könnte, versperrt noch ein anderes Postulat, das ebenfalls aus der Geschichte entstanden ist, aber aus ihren dunklen, ihren dämonischen Falten. Wir, die wir jetzt leben und denken, dürfen den Holocaust nicht vergessen. Egal, ob ein Dichter in Portugal oder in Krakau wohnt, er darf

conscience once and for all. The author who lives in Krakow will see mini-vans with imprint 'Auschwitz' pass every other day. We should commemorate the Holocaust. But what to do with the magical aura? It does not match, there is only 'either ... or'. Enlightenment or horror. Even if for one moment the great poet Paul Celan in his "Fugue of Death" succeeds to combine the two elements, until the end of his life he refused to forgive himself this extraordinary aesthetic performance.

We often say that art and poetry are free – but are they really? In light of such a heritage, loaded with such contradiction, is the art of poetry truly free? Is it not so that in a particular way the meaning of poetry is given to us as a task; that it waits for us, quietly, hidden, patiently?

There is yet another rich source of necessary references in poetry which is, even if it sounds frivolous, mass culture. I do not think that the honourable theologians have a problem with it: they can simply ignore this phenomenon – or they could, so to speak, study it wearing gloves. Meanwhile, the reading of hundreds of poems, appearing in dozens of journals, makes us aware that in these works John Lennon, Robert the Niro, Andy Warhol, Greta Garbo,

sich nicht vollkommen abwenden von diesem Ereignis, das das europäische Bewusstsein ein für allemal geprägt hat. Der in Krakau wohnende Autor wird überdies jeden zweiten Tag kleine Busse mit dem Schild „Auschwitz" sehen. Wir müssen also den Holocaust in Erinnerung behalten. Aber was ist dann mit der magischen Aura? Das geht nicht zusammen, es gibt nur entweder – oder. Erleuchtung oder Entsetzen. Und auch wenn es dem großen Dichter Paul Celan in der „Todesfuge" für einen Moment gelingt, die beiden Elemente zu verbinden, so wird er doch bis ans Ende seines Lebens nicht bereit sein, sich diese außergewöhnliche ästhetische Leistung zu verzeihen.

Wir sagen manchmal, die Kunst, die Dichtung sei frei – aber ist sie das? Ist die mit einem derartigen Erbe, mit einem derartigen Widerspruch belastete Kunst der Dichtung wirklich frei? Ist es nicht eher so, dass der Sinn der Dichtung uns in gewisser Weise als Aufgabe aufgetragen ist, dass er auf uns wartet, in Ruhe, im Verborgenen, geduldig?

Und es gibt eine weitere reiche Quelle notwendiger Bezüge in der Dichtung – das ist, auch wenn es frivol klingt, die Massenkultur. Ich denke, die verehrten Theologen und Theologinnen haben damit kein großes Problem, sie können dieses Phänomen einfach ignorieren – oder es auch studieren, in Handschuhen sozusagen. Indessen macht uns die Lektüre Hunderter von Gedichten, die in Dutzenden von Zeitschriften erscheinen, bewusst, dass häu-

and Marilyn Monroe appear more frequently than Dante, Milton, Goethe or Mickiewicz. Why is this so? These names do not simply appear because they represent a sensationally interesting substance of a seemingly 'better life' – we know very well that these famous heroes have often suffered more than their admirers.

Let us look at it once more from a different perspective: other than the theologian, the mathematician, psychiatrist, numismatist, economist, or political scientist, the poet is not an expert. To put it differently: he is the non-specialist *par excellence* (like his distant cousins the novelist, and in a way also the essayist, followers of a dying breed). He is non-specialist, lay, in principle interested by all aspects of human life. Yet here lures a problem: the specialist, the astronomer, the gynaecologist, the archaeologist, and the expert in constitutional law, all of them employ jargon from time to time; a special language which is restricted to one field. His fellow experts will fully understand him, and he does not need to care for others.

For the poet, the non-specialist, however, it would imply civil death should he revert to the use of a kind of specialist language. Poetry and jargon: this sym-

figer als Dante, Milton, Goethe oder Mickiewicz in
diesen Werken John Lennon, Robert de Niro, Andy
Warhol, Greta Garbo und Marilyn Monroe vorkom-
men. Warum ist das so? Diese Namen tauchen nicht
nur deshalb auf, weil sie die sensationell interessante
Substanz eines scheinbar „besseren Lebens" reprä-
sentieren – denn wir wissen ja, dass diese berühmten Helden in der Regel mehr gelitten haben als ihre
Bewunderer.

Schauen wir noch von einer anderen Seite: Anders als der Theologe, der Mathematiker, Psychia-
ter, Numismatiker, Ökonom oder Politologe ist der
Dichter kein Spezialist. Anders gesagt: Er ist der
Nicht-Spezialist par excellence (ähnlich wie seine
entfernten Cousins, die Romanschriftsteller, und in
gewisser Weise auch die Essayisten, Anhänger einer
leider aussterbenden Gattung). Er ist Nicht-Spezialist, Laie, im Prinzip faszinieren ihn alle Bereiche des
menschlichen Lebens. Doch hier steckt ein Problem:
der Spezialist, der Astronom, der Gynäkologe, der
Archäologe, der Kenner des Verfassungsrechts, sie
alle greifen von Zeit zu Zeit nach dem, was wir Jargon nennen, nach einer Sondersprache, die sich auf
nur ein Gebiet bezieht. Seine Mit-Spezialisten verstehen ihn hervorragend, um die anderen muss er sich
nicht kümmern.

Doch für den Dichter, den Nicht-Spezialisten,
würde es den zivilen Tod bedeuten, würde er sich
einer wie auch immer gearteten Sondersprache be-

biosis does not exist. Poetry, lyric, is the triumphant anti-jargon. Yet, these poets – despite their rejection of jargon – have to come to terms with their readers, and here they have allies: Dante and Goethe, Keats and Miłosz, Zbigniew Herbert and George Herbert. The entire world history, the history of war and the shorter or longer periods of armistice; the Minoan culture, the dark centuries of the late Medieval Age, the Fall of Byzantium and the Peace of Westphalia; but also history of art, music, the paintings by Rembrandt and the works of Monteverdi, Cezanne's landscapes and Bacon's cruel pictures; Mahler's symphonies as well as the entire world literature: through the commonality of heritage they become a kind of brotherhood. In this community knowledge and a deep passion for the lost time of the past as well as sympathy and even love for our predecessors intertwine. (Knowledge should not be understood as something elitist, something which is only accessible to scholars, and which would exclude a lot of people; rather it is a civilisation course for beginners – those who thirst for wisdom.) A sympathy or love both for the brilliant, famous, as well as for the anonymous, whose extinct existence we could try to enclose from the traces of the past, but where we would not know whether we are right.

dienen. Poesie und Jargon – diese Symbiose gibt es nicht. Die Poesie, die Dichtung ist der triumphale Anti-Jargon. Und dennoch müssen die – in ihrer Ablehnung des Jargons reinen – Dichter sich mit ihren Lesern verständigen – und sie haben hier Verbündete: Dante und Goethe, Keats und Miłosz, Zbigniew Herbert und George Herbert. Die ganze Weltgeschichte, die Geschichte der Kriege und der kürzeren oder längeren Phasen des Waffenstillstands, die minoische Kultur, die dunklen Jahrhunderte des späten Mittelalters, der Fall von Byzanz und der Westfälische Frieden, aber auch die Geschichte der Kunst, der Musik, die Gemälde Rembrandts und die Werke Monteverdis, Cezannes Landschaften und Bacons grausame Bilder, die Sinfonien Mahlers sowie die gesamte Weltliteratur werden durch die Gemeinsamkeit des Erbes zu einer Art Bruderschaft. In dieser Gemeinschaft verflechten sich Wissen (jedoch in der Regel nicht elitäres, nur Gelehrten zugängliches Wissen, das viele ausschließt, sondern eher ein Zivilisationskurs für Anfänger – und solche, die nach Weisheit dürsten) – Wissen also und eine tiefe Neigung für die in der Zeit versunkene Vergangenheit sowie Sympathie oder sogar Liebe zu unseren Vorgängern. Sowohl zu den genialen, berühmten, wie auch zu den anonymen, deren erloschene Existenzen wir aus den Spuren der Vergangenheit zu entschlüsseln versuchen können, wobei wir nie die Gewissheit haben, ob wir richtig liegen.

The gigantic props warehouse of mass culture is also essential, since this is where authors of poems find their tokens of understanding, which despite everything appear to preserve a sense of the universal and who do not denigrate into jargon.

Yet, if an outsider approaches them and seeks to brandish them, with the words: You, who are to serve the spirit, have ultimately landed in low regions near the stadiums and film factories (not to mention the latest attempts of the internet); then they could, not without dignity, respond as follows:

We recommend our honourable prosecutors to read the beautiful and still famous essay by Charles Baudelaire: "The Painter of Modern Life." What do we read there? Something about Parisian fashion of that time, about the shape of the hats worn by ladies of the *demi-monde*. That is to say, from modern life in that time. From mass culture.

And in the same essay we find a definition of beauty, which clarifies things: "Beauty," says Baudelaire, "consists of an eternal, immutable element, whose share is extremely difficult to determine, and a relative element which is dependent upon circumstances, which, if you like, will be one after the other or all of that together, the era, fashion, morality, passion. Without this second element […] the first element would be indigestible, undefined, not befitting

Und auch das gigantische Requisitenlager der Massenkultur ist unerlässlich, hier holen sich die Autoren von Gedichten Jetons der Verständigung, die trotz allem den Schein des Allgemeinen wahren und nicht in Jargon ausarten.

Doch wenn jemand von außen an sie herantreten und sie brandmarken wollte, mit den Worten: Ihr, die ihr dem Geist dienen sollt, seid letztendlich in niedrigen Regionen gelandet, in der Nähe der Stadions und der Filmfabriken (von den jüngsten Versuchungen des Internets ganz zu schweigen), dann könnten sie, nicht ohne Würde, wie folgt antworten:

Wir empfehlen unseren verehrten Anklägern den schönen und immer noch berühmten Essay von Charles Baudelaire: „Der Maler des Modernen Lebens." Was bekommen wir da zu hören? Etwas von der damaligen Pariser Mode, von der Form der Hüte, von Damen aus der Halbwelt. Das heißt, vom damaligen modernen Leben. Von der Massenkultur.

Und in demselben Essay finden wir auch eine Definition des Schönen, die vieles ordnet: „Das Schöne", sagt Baudelaire, „besteht aus einem ewigen, unveränderlichen Element, dessen Anteil äußerst schwierig zu bestimmen ist, und einem relativen, von den Umständen abhängigen Element, das, wenn man so will, eins ums andere oder insgesamt, die Epoche, die Mode, die Moral, die Leidenschaft sein wird. Ohne dieses zweite Element [...] wäre das erste Element

human nature. I doubt if one could find a specimen of beauty which does not contain both elements."

This allows for us to at least accept this mixture of extreme frivolity and greatest seriousness that is united in poetry. It is here where, thanks to the Parisian Stylists, the spirit can reconcile with fashion. It is difficult to say how long this will stand. These alliances do not last forever.

Have the poets flown the white flag? I do not know if I could find an answer to this question. Yes, they are too ironical. They lose themselves in the thickets of philosophical contradictions with which the arbour of poetry grows. They write too many poems. But these are perhaps slavish sins.

Baudelaire does not clarify everything, but through him we can better understand the double nature of poetry. A better understanding is possible – an explanation of great mysteries is however difficult. There is a dark world which we do not understand. There are words which we concede to time and darkness. Nobody waits for an answer. The poets botanise, yet at the same time men are deployed in military uniforms and helmets in tanks, and their enormous vehicles spew dirty fumes and destroy life. Then there is a break, and again spring awakens, again, someone botanises. We need poetry in order

unverdaulich, unbestimmbar, der menschlichen Natur unangepasst und unangemessen. Ich bezweifle, dass sich irgendein Probestück des Schönen auffinden lässt, das nicht diese beiden Elemente enthält."

Das erlaubt uns zumindest, diese Mischung aus extremer Frivolität und höchster Ernsthaftigkeit zu akzeptieren, die die Lyrik in sich vereint. Hier darf sich, dank des Pariser Stilisten, der Geist mit der Mode versöhnen. Für wie lange, ist schwer zu sagen. Diese Bündnisse dauern nicht ewig.

Haben die Dichter die weiße Flagge ausgehängt? Ich weiß nicht, ob ich auf diese Frage eine Antwort finden werde. Ja – sie ironisieren zu viel. Sie verlieren sich im Dickicht philosophischer Widersprüche, mit denen die Laube der Poesie zuwächst. Sie schreiben zu viele Gedichte. Aber das sind vielleicht lässliche Sünden.

Baudelaire erklärt nicht alles, aber durch ihn können wir die doppelte Natur der Dichtung besser verstehen. Ein besseres Verständnis ist möglich – eine Erklärung des großen Geheimnisses aber ist schwierig. Es gibt eine dunkle Welt, die wir nicht verstehen. Es gibt Worte, die wir der Zeit und der Dunkelheit überwerfen. Niemand wartet auf Antwort. Die Dichter botanisieren, doch im selben Augenblick setzen sich Männer in Militäruniformen und Helmen in Panzer, und ihre gigantischen Fahrzeuge spucken schmutzige Abgaswolken aus und vernichten das Leben. Dann ist ein Moment Pause, und wieder

not to understand the world anew. We passionately love the world, like the carers of lions and tigers in zoos love their beautiful beasts, with certainty; but from time to time one of them dies, torn by one of his favourites. And there is nothing we can say about it, nothing.

ist Frühling, wieder botanisiert jemand. Die Dichtung brauchen wir wohl, um die Welt von neuem
nicht verstehen zu können. Wir lieben die Welt lei-
denschaftlich, wie die Pfleger von Löwen und Tigern
in Zoologischen Gärten ihre schönen Bestien lieben,
mit Sicherheit; aber von Zeit zu Zeit kommt einer
von ihnen um, zerrissen von einem seiner Lieblinge.
Und wir können nichts dazu sagen, nichts.

(Aus dem Polnischen von Renate Schmidgall)

Address
at the Award Ceremony of the
2016 Dr. Leopold Lucas Prize

by

Jürgen Kampmann

Ansprache
bei der Verleihung des
Dr. Leopold Lucas-Preises 2016

von

Jürgen Kampmann

Dear Honorary Senator Dr Lucas, Dear guests, Dear Vice Rector Assmann as deputy of the Rector, *Spectabiles*, dear colleagues, And today especially: Dear Prize winners, Mrs Blum and Mr Zagajewski!

On behalf of the Eberhard Karls University and particularly on behalf of the Faculty of Protestant Theology I welcome you this afternoon to the banquet hall of the New Aula! The Dr Leopold Lucas Prize and the Dr Leopold Lucas Prize for Young Researchers 2016 shall now be awarded. This process has its own distinct tradition, which might be familiar to those who have participated in this ceremony before: it is the task of the Dean to call into memory the occasion of commemoration, to introduce the prize winner, and to bestow the prize upon the winner – who will then deliver the prize lecture through which we will be offered a glimpse into their thought and work. This tried and tested order will also be followed this year with a small modification. The Lucas Prize awarding committee was convinced after last year's meeting that this tradition should be enriched by adding a new element: the nominee who

Sehr verehrter, lieber Herr Ehrensenator Dr. Lucas, sehr verehrte, geladene Gäste, verehrter Herr Prorektor Assmann als Vertreter des Rektorats, Spectabiles, liebe Kolleginnen und Kollegen, ganz besonders aber: sehr verehrte Preisträger des heutigen Tages, Frau Blum und Herr Zagajewski!

Namens der Eberhard-Karls-Universität und deren Evangelisch-Theologischer Fakultät insbesondere heiße ich Sie am heutigen Nachmittag hier im Festsaal der Neuen Aula willkommen! Der Dr. Leopold Lucas-Preis und der Dr. Leopold Lucas-Nachwuchswissenschaftlerpreis für das Jahr 2016 sollen jetzt verliehen werden. Wie das geschieht, hat seine Tradition, die denjenigen, die schon öfters oder regelmäßig daran teilgenommen haben, vertraut ist: Dem Dekan kommt es zu, den Anlass des Gedenkens in Erinnerung zu rufen, die Preisträger vorzustellen und die Preise zu überreichen – und der Preisträger bietet uns dann einen Einblick in sein Denken und Wirken durch den Festvortrag, den erhält. Nach dieser guten und bewährten Ordnung soll auch in diesem Jahr verfahren werden. Der Ausschuss zur Vergabe des Lucas-Preises hat indes bei seiner Sitzung im letzten Jahr die Überzeugung gewonnen, diese

will be bestowed with the prize for young researchers would be granted the opportunity to present a facet of their excellent work. It is obvious that the time frame of this feast would not allow for a second full lecture, but who would be better than the excellent researcher to authentically present some of the main ideas, results, and outline of the research undertaken?

Thus the complete order of the feast will be as follows:
- That we will first commemorate Dr Leopold Lucas, in whose memory this prize is bestowed,
- Then we will bestow the Prize for Young Researchers upon Mrs Dr Daniela Blum, and she will give a short introduction into her outstanding thesis, and
- That finally, following the recognition of this year's winner of the Dr Leopold Lucas Prize, Mr Adam Zagajewski will deliver his announced lecture entitled "Poetry flies the white flag".

bestehende Tradition um ein Element zu ergänzen, von dem er hofft, dass es nicht nur als Ergänzung, als Addition, sondern als Bereicherung erfahren wird: Die Person, die mit dem Nachwuchswissenschaftlerpreis ausgezeichnet wird, soll Gelegenheit erhalten, ihre ausgezeichnete Arbeit selbst vorzustellen. Dass der gesetzte zeitliche Rahmen der Festfeier nicht erlaubt, dass das ein eigener zweiter Vortrag wird, ist klar – aber das Anliegen, den Hauptgedanken, das Ergebnis und damit die Kontur der unternommenen Forschung vorzustellen – wer könnte dazu authentischer einen Zugang vermitteln als die oder der Ausgezeichnete selbst?

So soll nun das Ganze den folgenden Gang nehmen:
- Dass wir uns zuerst an Dr. Leopold Lucas erinnern, zu dessen Gedächtnis die Preise verliehen werden,
- dass dann der Nachwuchswissenschaftlerpreis an Frau Dr. Daniela Blum verliehen wird und sie einen konzentrierten Einblick in ihre hervorragende Dissertation gibt, und
- dass schließlich im Anschluss an die Würdigung des diesjährigen Preisträgers des Dr. Leopold Lucas-Preises, Herrn Adam Zagajewski, dieser uns seinen angekündigten Vortrag unter dem Thema „Die Poesie hängt die weiße Flagge aus" hält.

Let us now turn to the commemoration of Dr Leopold Lucas. We call into memory that he was born
on the 18th of September 1872 in Marburg (Lahn),
where he grew up. After completing his studies in
oriental languages, history, philosophy, and Jewish
studies in Berlin, he gained his doctorate here in Tübingen in 1895. From 1899 he served as rabbi for the
Jewish community of Glogau, Lower Silesia. In 1902
he was one of the co-founders of the Society for the
promotion of Jewish Studies. It is remarkable how
in the early 1940s he could still teach Jewish History
at the Higher Institute for Jewish Studies in Berlin.
By then the Nazis had degraded the university to an
"educational institution," and the school was ordered
to close in 1942. On the 13th of September 1943 Dr
Leopold Lucas succumbed to pneumonia, which he
contracted when he was detained in the concentration camp of Theresienstadt. We encounter in him
a scholar who during his life, with all intensity, has
conducted and promoted academic research. Over
the last couple of years, at previous award ceremo-
nies, and corresponding to his work and his pursuits,
I tried to chiefly focus on Leopold Lucas' main fields
of work and his influence as a researcher and as a
rabbi. This now is the third time that I, as Dean, have
the task to commemorate Leopold Lucas. Therefore,
I consider it just that his personal character is high-
lighted – as a third characteristic component of Leo-

Wenden wir uns zunächst dem Gedenken an Dr.
Leopold Lucas zu! Dass er am 18. September 1872 in
Marburg (Lahn) geboren und dann dort aufgewachsen ist, dass er nach Studium der orientalischen Sprachen, Geschichte, Philosophie und Wissenschaften
des Judentums in Berlin hier in Tübingen 1895 zum
Dr. phil. promoviert worden ist, dass er dann von
1899 an der jüdischen Gemeinde in Glogau in Nie-
derschlesien als Rabbiner gedient hat, dass er 1902 die
Gesellschaft zur Förderung der Wissenschaft des Judentums mitbegründet hat, dass er noch Anfang der
1940er Jahre bis zu deren Schließung im Jahr 1942 an
der nationalsozialistisch zur „Lehranstalt" degradier-
ten Hochschule für die Wissenschaft des Judentums
in Berlin das Fach „Jüdische Geschichte" unterrich-
ten konnte, dass er schließlich im Konzentrationslager in Theresienstadt am 13. September 1943 einer
Lungenentzündung erlegen ist, dass wir in ihm einem Gelehrten begegnen, der zeit seines Lebens mit
aller Intensität die wissenschaftliche Forschung ge-
fordert und selbst nach Kräften gefördert hat – das
sei uns allen als die äußere Kontur seines Lebenswe-
ges wieder in Erinnerung gerufen. Und ganz seinem
Wirken und Streben entsprechend habe ich bei den
Preisverleihungen in den beiden zurückliegenden
Jahren das Hauptaugenmerk auf Leopold Lucas' vor-
dringliche Arbeitsfelder und Wirkungskreise eben
als Wissenschaftler und als Rabbiner gelenkt. Wenn

pold Lucas. Luckily we have some sources which allow us a glimpse into this charisma.

What could be more appropriate than to consider the testimony of his son Franz D. Lucas, who himself in 1972 initiated the Foundation of the Dr Leopold Lucas Prize. In 1986, he commented in a reflection on his father's person and being as follows: "I saw my father and my mother for the last time in December 1938. My father was the best father one could imagine, he was strict, even uncompromising when it concerned the fulfilment of a duty – strict as he would be for himself, too –, but he was infinitively generous in his love and encouraging interest."[1] This 'encouraging interest' was grounded on his own, concentrated and continued work: "He was a diligent, extraordinarily conscientious researcher. [...] Every morning Leopold Lucas would sit at his desk, very early."[2] He was there not just for himself, but also for others – in the sense of adult education, as one would name it today: "One of his penchants was the adult education centre in Glogau, to which he dedicated much of his attention. His much anticipated lectures were well attended."[3] In addi-

ich als Dekan nun zum dritten Male vor der Aufgabe stehe, uns alle an Leopold Lucas zu erinnern, so denke ich, dass es dann recht ist, dass als ein dritter, ihn charakterisierender Bereich der seiner persönlichen Ausstrahlung besonders bedacht wird. Glücklicherweise verfügen wir ja über einige Quellen, die es erlauben, auch heute noch von dieser Ausstrahlung einen Eindruck zu gewinnen.

Und was läge da näher, als hier zunächst dem Zeugnis seines Sohnes Franz D. Lucas Raum zu geben, dem ja auch die Initiative zur Stiftung des Dr. Leopold Lucas-Preises 1972 zuzuschreiben ist! Er hat in der Rückschau 1986 von Person und Wesen seines Vaters berichtet: „Ich habe meinen Vater und meine Mutter im Dezember 1938 zum letzten Mal gesehen. Mein Vater war der beste Vater, den man sich denken kann, streng zwar, sogar unerbittlich, wenn es um die Erfüllung einer Pflicht ging – so wie er es auch mit sich selbst hielt –, aber unendlich großzügig in seiner Liebe und seinem fördernden Interesse."[1] Dieses „fördernde Interesse" war fundiert auf eigener, konzentrierter und kontinuierlicher Arbeit: „Er war ein fleißiger, außerordentlich gewissenhafter Wissenschaftler. [...] Frühzeitig an jedem Morgen saß Leopold Lucas an seinem Schreibtisch."[2] Und er war da nicht nur für sich selbst tätig, sondern für andere – im Sinne der Erwachsenenbildung, wie man es heute wohl ausdrücken würde: „Ein[es] [...] seiner Steckenpferde war die Volkshochschule in

tion, there was his regular work for the community in Glogau: "With much love my father sat down to work on his weekly sermons, which reveal true humanism."[4] Franz D. Lucas captured the meaning of 'true humanism' in concise wording: "Being liberal in religious affairs, Leopold Lucas was open-minded towards every ideology and every religion."[5] Correspondingly, his father has "engaged in daily dialogue with people of other faiths, in his personal contact with friends and in worldwide, mostly academic correspondence," and not in the least, openly and visible to all: "the daily stroll of the vicar and the rabbi, both deeply engaged in conversation, has for years been a famous sight in Glogau."[6]

It fits seamlessly into this picture that Leopold Lucas according to his son's testimony was convinced that "nobody could claim the absolute truth,"[7] and that he believed in progress "towards the ultimate goal of humanity and the victory of the good, despite all crises and backlashes."[8]

It would, however, not be correct to interpret this as if Leopold Lucas was recognised for these hallmarks, approaches, and orientation in his own days.

Glogau, der er viel Aufmerksamkeit widmete. Seine
Vorträge waren sehr besucht und mit Spannung er-
wartet."[3] Hinzu kam die regelmäßige Arbeit für die
Gemeinde in Glogau: „Mit viel Liebe arbeitete mein
Vater seine wöchentlichen Predigten aus, aus denen
ein echter Humanismus hervorleuchtet."[4] Was unter „echtem Humanismus" zu verstehen war, das
hat Franz D. Lucas in die knappe Formulierung gebracht: „Liberal in religiösen Dingen, war Leopold
Lucas tolerant gegenüber jedweder Weltanschauung,
jedweder Religion."[5] Dementsprechend habe sein
Vater „einen echten Dialog mit Menschen anderer
Konfession buchstäblich täglich gepflegt, in persön-
lichem Kontakt mit seinen Freunden und in weltwei-
ter, meist wissenschaftlicher Korrespondenz" – und
nicht zuletzt, öffentlich für jedermann sichtbar: „Die
täglichen Spaziergänge des Pfarrers mit dem Rabbiner, beide in reges Gespräch vertieft, waren jahrelang
in Glogau eine stadtbekannte Erscheinung."[6]
Bruchlos in dieses Bild fügt sich, dass Leopold
Lucas nach dem Zeugnis seines Sohnes überzeugt
war, „niemand könne für sich die absolute Wahrheit
in Anspruch nehmen",[7] und dass er an den Fortschritt
geglaubt habe, „trotz aller Krisen und Rückschläge,
an das Ziel auf dem Wege der Menschheit und an den
Sieg des Guten."[8]
Es wäre nun aber doch eine Fehlwahrnehmung,
wenn man meinte, Leopold Lucas habe mit diesen Prägungen, Einstellungen und Orientierungen

Take for example a note from Willy Cohn. Willy
Cohn, a grammar school teacher in Breslau and doc-
tor of history, was also Jewish and had already in the
summer of 1933 been expelled by the Nazis from his
teaching post, on grounds of 'political unreliability'.
Cohn had given a lecture in Glogau on the 27th of
February 1937 organised by the publicly existing local Zionist movement, a lecture which took place in
a private house. He wrote in his diary that the paper
(according to Cohn's key words), which was themed
"Renewal of Judaism, Jeremiah, Ezra, Herzl, Weizmann," had content-wise represented his preferred
orientation to the ideals of Zionism.[9] At the end of
this lecture he encountered Leopold Lucas. While
Cohn with a glance at him only jeopardised: "he is a
man who let down the community; one of the worst
traitors of the assimilated branch,"[10] Lucas, however,
did not hesitate to keep in touch with this mindset.
He had not been invited, yet had shown up to the lecture together with his wife, and showed himself concerned to establish good and beneficial contact, but
Cohn afterwards only accentuated this negatively:
"I talked to him during the break, he killed himself
with affection."[11]

in seiner Zeit durchweg Anerkennung gefunden. Ein Beispiel dafür ist eine Notiz, die der Breslauer Gymnasiallehrer und promovierte Historiker Willy Cohn, ebenfalls jüdischen Glaubens und in der nationalsozialistischen Zeit bereits im Sommer 1933 wegen politischer Unzuverlässigkeit aus dem Schuldienst entlassen, in seinem Tagebuch festgehalten hat, als er am 27. Februar 1937 zu einem Vortrag in Glogau in der dort offenbar auch bestehenden zionistischen Ortsgruppe zu Gast war, der in einer Privatwohnung stattfand; inhaltlich war das Referat (nach den Stichworten Cohns) dem Themenzusammenhang „Erneuerung des Judentums, Jeremias, Esra, Herzl, Weizmann" gewidmet und präsentierte damit die von Cohn präferierte Orientierung an Idealen des Zionismus.[9] Am Rande dieses Vortrags kam es auch zu einer Begegnung mit Leopold Lucas. Während Cohn aber mit Blick auf ihn nur ausgesprochen abträglich vermerkte, „er ist ja ein Mann, der die Gemeinde furchtbar hat verkommen lassen; einer der übelsten Vertreter der assimilierten Richtung",[10] hatte es sich Lucas offenkundig nicht nehmen lassen und es auch nicht gescheut, sich auch in diesem seinem Denken nicht gewogenen Umfeld blicken zu lassen – war er doch uneingeladen mit seiner Ehefrau zu dem Vortrag erschienen und hatte er sich dann offenkundig auch hier um einen guten und förderlichen Kontakt bemüht – auch wenn Cohn das hernach auch nur wieder mit negativem Akzent versah:

Anyway, Leopold Lucas was able to reach out to others. The pedagogue and Germanist Bruno Strauss, who like Lucas had attended the Philippinum grammar school in Marburg (Lahn) and who was also engaged in the Society for the Promotion of Jewish Studies, imposingly illustrated his impression of Lucas in conversation with Franz Lucas: "Your father was a most humble man, yet a brilliant conversationalist. He knew how to communicate freely, and he was always full of inspiring thought and occupied with the most interesting things. In all this, however, his goodness was his most striking character trait. And it was not hidden or concealed; it shone directly out of his good eyes. I believe that no one could ever forget him, no one who has ever looked into his eyes, and on whom this genuine sympathy of these eyes had rested, even if only once."[12]

Speaking thereof: Leopold Lucas was at the same time a courageous teacher. Nathan Peter Levison Beck met him when he was a student at the Higher Institute for Jewish Studies in 1941, when Leopold Lucas was appointed there as lecturer for Biblical Literature and History (with emphasis on History of the Early Middle Ages). This was a time, as Beck illustrates, where Jews "could not go to the theatre, cinema, or university anymore. The synagogues had already been destroyed in November 1938. As such,

„In der Pause unterhielt ich mich mit ihm, er brachte sich vor Zuneigung um.“[11]

Jedenfalls vermochte Leopold Lucas, auf andere zuzugehen – der Pädagoge und Germanist Bruno Strauß, der wie Lucas das Gymnasium Philippinum in Marburg (Lahn) besucht hatte und sich in der Gesellschaft zur Förderung der Wissenschaft des Judentums engagierte, hat das gegenüber Franz Lucas sehr eindrücklich geschildert: „Ihr Vater war ein überaus bescheidener Mann, aber ein glänzender Gesellschafter, er wußte sich freigebig mitzuteilen und war stets voll anregender Gedanken und mit den interessantesten Dingen beschäftigt. Bei alledem war aber seine Güte der hervorstechende Charakterzug. Und sie war nicht versteckt oder verborgen, sie leuchtete einem unmittelbar aus seinen guten Augen entgegen. Ich glaube, daß ihn niemand vergessen kann, der jemals in seine Augen geblickt und auf dem nur einmal die echte Sympathie dieser Augen geruht hat.“[12]

Und überdies: Leopold Lucas war dabei ein mutmachender Lehrer. Nathan Peter Levison Beck ist ihm als Student 1941 in der Hochschule für die Wissenschaft des Judentums begegnet, als Leopold Lucas dort als Dozent für biblische Literatur und Geschichte (besonders Geschichte des frühen Mittelalters) wirkte – und damit also in einer Zeit, in der, wie es Beck selbst schildert, Juden „keine Theater mehr besuchen [durften], keine Kinos, keine Universitäten. Die Synagogen waren im November 1938 be-

education had remained the only place where Jews could engage intellectually and spiritually. [...] Indeed, this university was an island amidst a burning sea. Outside there was violence, horror, deprivation of rights. Inside the walls of the educational institution one could experience a different world, the spiritual world which has a different sense of time and which cannot be conquered. History was a discipline where one could learn about the deeds, courage, and indomitability of our fathers and mothers, and which put the contemporary in contrast with the thousand-years-old experience of our people. It is this collective experience which continues through every single one of us, and which allows us to partake in eternity, in revelation as well as redemption. And we were seated at the feet of our teachers, we looked up to them, and they gave us strength."[13]

How? According to me, this can be expressed in an exceedingly impressive way, as Leopold Lucas himself achieved already in 1910, long before the distressing time of National Socialism: "Remember, that you always have a divided heart, divided between the good which is your inner desire, and the narrow-minded and evil which you in fact despise but which you cannot shake off. Take notice that your ultimate task in life is to be human, one who only does what his inner voice tells him to. Every one of us to his own abilities and gifts: by gently and quietly

reits zerstört worden. So blieb die Lehranstalt fast
der einzige Ort, an dem Juden sich geistig betätigen
konnten. […] In der Tat war diese Hochschule eine
Insel inmitten eines brandenden Meeres. Draußen
war die Gewalt, der Schrecken, die Entrechtung. In-
nerhalb der Mauern der Lehranstalt aber fühlte man
sich in einer anderen Welt, der Welt des Geistes, die
eine andere Zeitrechnung hat und die nicht bezwun-
gen werden kann. Und Geschichte war jene Diszi-
plin, die von den Taten, dem Mut, der Unbeugsam-
keit unserer Väter und Mütter berichtet und die Gegenwart gegenüber der jahrtausend alten Erfahrung
unseres Volkes in die rechte Perspektive setzt. Sie ist
es, die durch uns, jeden einzelnen von uns, weiter-
schreitet und uns teilhaben läßt an der Ewigkeit, an
der Offenbarung wie der Erlösung. Und wir saßen zu
den Füßen unserer Lehrer, schauten auf zu ihnen[,]
und sie gaben uns Kraft."[13]

Wie? Das vermag – so erscheint es mir – auf eine
außerordentlich eindrucksvolle Weise zum Ausdruck
zu bringen, was Leopold Lucas selbst reflektiert hat,
schon 1910 und damit weit vor der bedrängenden
Zeit des Nationalsozialismus: „Denke daran, daß du
immer ein geteiltes Herz hast, geteilt zwischen dem
Guten, das du ja eigentlich im Innersten willst, und
dem Kleinlichen und Bösen, das du eigentlich ver-
achtest und doch nicht abschütteln kannst. Merke dir
aber, daß es in deinem Leben darauf ankommt, ein
Mensch zu sein, der nur tut, was die innere Stimme

alleviating the suffering; and by knocking the weapons out of the arms of the public market of lies and greed. [...] Where a human heart has become firm in obedience to truth, there is also a foothold for the weak, there is a dam in the flood behind which others find their shelter, and till the field which nourishes them. Without pause and hesitation we enter and the others will gain courage to enter together with us into the army of people of good will."[14]

This is how Leopold Lucas understood his duty; this is how even in the concentration camp of Theresienstadt his life was clearly imprinted by the hope for the day of liberation. Even there he managed to negotiate to teach, as Leo Baeck testified in a letter of condolence to Franz D. Lucas on the 30th of November, 1945[15] – and thus Lucas' works and his person have been highly appreciated until our day.

And here one can make a bridge to this year's laureate of the Dr. Leopold Lucas Prize for Young Researchers, Dr. Daniela Blum. She dedicated her research to the study of the question what it means to keep faithful to one's own convictions in times of conflict, and to which challenges and difficulties this is connected in everyday life; a question that has been dealt with a lot in research over the past

spricht. | Jeder auf seine Weise und nach seinen Gaben, indem er sanft und still die Not lindert, und der andere, indem er auf dem Markt der Öffentlichkeit der Lüge und Habsucht die Waffen aus der Hand schlägt. [...] Wo eines Menschen Herz fest geworden im Gehorsam gegen die Wahrheit, da ist es auch ein Halt für die Schwachen, da ist es ein Damm in der Flut, hinter dem die anderen ihren Schutz finden und den Anker bestellen, der sie nährt. Ohne Zögern und Zaudern treten wir ein[,] und die anderen bekommen den Mut, mit einzutreten in den Heereszug der Gutes Wollenden."[14]

So hat Leopold Lucas seine Aufgabe verstanden, so ist sein Leben offenbar auch noch im Konzentrationslager Theresienstadt geprägt gewesen von der Hoffnung auf einen Tag der Befreiung, so hat er auch dort noch Aufrichtung vermittelt, wie es Leo Baeck hernach in einem Beileidsbrief an Franz D. Lucas am 30. Oktober 1945 bezeugt hat[15] – und so strahlen sein Wirken und seine Person aus bis in unsere Gegenwart.

Und hier ist nun auch eine Brücke zu schlagen zur diesjährigen Preisträgerin des Dr. Leopold Lucas Nachwuchswissenschaftler-Preises, Frau Dr. Daniela Blum. Denn was es bedeutet, in konfliktreicher Zeit den eigenen Überzeugungen treu zu bleiben, mit welchen Herausforderungen und Schwierigkeiten das in der konkreten Alltagsgestaltung verbunden ist, von dieser Fragestellung sind auch die Jahrzehnte

decade. She paid specific attention to the confessional development in the imperial city [Reichsstadt] Speyer in the period between the Peace of Augsburg in 1555 and the outbreak of the Thirty Years' War. She completed her doctoral thesis entitled "Modus convivendi. Konfessionelle Koexistenz, Konflikte und Kooperation in der Reichsstadt Speyer in der zweiten Hälfte des 16. Jahrhunderts" [*"Modus convivendi. Confessional co-existence, conflict, and cooperation in the Reichsstadt (imperial city) Speyer in the second half of the sixteenth century"*] at the local Faculty of Catholic Theology. The thesis has recently been published as a monograph entitled "Multikonfessionalität im Alltag. Speyer zwischen politischem Frieden und Bekenntnisernst (1555–1618)" [*"Multiculturalism in Everyday Life. Speyer in between political peace and gravity of confession (1555–1618)"*].[16] What is understood by this will be explained by Dr Blum herself. It is my task to introduce her to the audience:

Born in Riedlingen (Donau), Dr Blum studied Catholic Theology, Political Science, and Psychology at our university here in Tübingen, with a year abroad at the Pontificia Università Gregoriana in Rome. Already during her student years she showed a particular interest for confessional encounters during the Reformation. For her Master's thesis she investigated the "Consolations" of Konstanz' council scribe Jörg Vögeli, who wrote these in the face of reformation, re-catholisation, and Austrian rule. Af-

durchzogen gewesen, denen sie bei ihrer Forschung Aufmerksamkeit gewidmet hat. Ihr Augenmerk hat dabei der konfessionellen Entwicklung in der Reichsstadt Speyer in der Zeit zwischen dem Augsburger Religionsfrieden 1555 und dem Ausbruch des Dreißigjährigen Krieges gegolten. Eingereicht hat sie ihre Dissertation bei der hiesigen Katholisch-Theologischen Fakultät unter dem Titel „Modus convivendi. Konfessionelle Koexistenz, Konflikte und Kooperation in der Reichsstadt Speyer in der zweiten Hälfte des 16. Jahrhunderts", und im Druck zu haben ist sie inzwischen auch – unter dem Titel „Multikonfessionalität im Alltag. Speyer zwischen politischem Frieden und Bekenntnisernst (1555–1618)".[16] Was im Einzelnen darunter zu begreifen ist, das wird Frau Dr. Blum gleich selbst zeigen. Mir kommt aber zuvor die Aufgabe zu, sie dem Auditorium vorzustellen:

Aus Riedlingen (Donau) gebürtig hat sie an unserer Universität Katholische Theologie, Politikwissenschaft und Psychologie studiert – hinzu kommen Auslandssemester an der Pontificia Università Gregoriana Rom. Schon in der Zeit ihres Studiums hat ihr Interesse in besonderer Weise der konfessionellen Begegnung in der Zeit der Reformation gegolten – ihre Diplomarbeit hat sie einer Untersuchung der „Trostgespräche" des Konstanzer Stadtschreibers Jörg Vögeli gewidmet, die dieser angesichts von Re-

ter her graduation in 2011 Daniela Blum participated as a fellow in 'Religiöses Wissen' [Religious Knowledge] at the Graduate School 1662, and she has been research assistant of my colleague Prof Andreas Holzem, chair of Medieval and Modern Church History here at the Faculty of Catholic Theology, Tübingen. This is where she conducted her doctoral research. For this project she turned her focus to Speyer, and as such on another free city, where a confrontation between different denominations in manifold ways was imminent. The result of her project was a thesis of exceptional quality, which was accepted by the Faculty of Catholic Theology and graded with 'summa cum laude' in 2014. She has already won public recognition for her work: the Förderverein des Generallandesarchivs (Booster Club of the General State Archive) Karlsruhe awarded her the Johann-Daniel-Schöpflin Prize for exceptional work on the history of Oberrhein (Upper Rhine).

According to the standing orders of the Dr Leopold Lucas Prize for Young Researchers, this prize is awarded in rotation between the Faculties of Protestant Theology, Catholic Theology, Philosophy, and Historical Sciences. In 2016, Catholic Theology takes its turn and it is thanks to their recommenda-

formation, Rekatholisierung und österreichischer Herrschaft in dieser Stadt verfasst hat. Nach dem 2011 erfolgten Studienabschluss mit dem Diplom hat Daniela Blum dann bis 2014 als Kollegiatin Anteil gehabt am Graduiertenkolleg 1662 „Religiöses Wissen", und sie war und ist nun bis heute als Wissenschaftliche Mitarbeiterin am Lehrstuhl für Mittlere und Neuere Kirchengeschichte der Katholisch-Theologischen Fakultät Tübingen von Herrn Kollegen Andreas Holzem tätig, in dessen Betreuung dann auch die Dissertation entstanden ist. Dafür hat Daniela Blum ihr Augenmerk auf Speyer und damit auf eine weitere Reichsstadt gerichtet, in der es zu einer unmittelbaren Begegnung der verschiedenen Konfessionen mit vielen Facetten kam. Entstanden ist eine herausragende Arbeit, die 2014 von der Katholisch-Theologischen Fakultät mit der Bestnote „summa cum laude" angenommen worden ist. Und sie hat auch schon öffentliche Anerkennung dadurch erfahren, dass der Förderverein des Generallandesarchivs Karlsruhe sie mit dem Johann-Daniel-Schöpflin-Preis für herausragende Arbeiten zur Landesgeschichte am Oberrhein ausgezeichnet hat.

Nach den Bestimmungen über den Dr. Leopold Lucas-Nachwuchswissenschaftlerpreis wird dieser jährlich wechselnd aus den Bereichen entweder der Evangelischen Theologie, der Katholischen Theologie, der Philosophie oder der Geschichtswissenschaft vergeben. In diesem Turnus war 2016 die Ka-

tion that Dr Blum is bestowed with the Dr Leopold Lucas Prize for Young Researchers here in Tübingen today. It is with great pleasure, dear friends, that I may now award the prize to you, Dr Blum, and I bid you to come forth and briefly present your work to the solemn assembly!

* * *

Dear Ladies and Gentlemen,

By unanimous decision the Dr Leopold Lucas Prize 2016 will be awarded to Mr Adam Zagajewski. He was born, raised, and studied in Poland, and currently lives in Krakow, but he is not unfamiliar with Germany, France, and the United States of America. For many years he regularly taught at the University of Creative Writing in Houston (Texas), and he was appointed Ferdinand Schevill Distinguished Service Professor of Social Thought at the Department of Slavic Languages and Literatures, School of Humanities, University of Chicago. In 2012 he was awarded an honorary doctorate by the Jagiellonian University of Krakow. One can rightly say that he is well-established in the academic world. In our very pleasant exchange before today's ceremony he let me

tholisch-Theologische Fakultät an der Reihe, und
auf deren Vorschlag hin wird Frau Dr. Blum nun
heute auch hier in Tübingen mit dem Dr. Leopold
Lucas-Nachwuchswissenschafter-Preis ausgezeichnet. Es ist mir eine Freude, Ihnen, Frau Dr. Blum,
nun diesen Preis übergeben zu dürfen, und ich bitte
Sie dazu hier zu mir – und auch darum, dann in einigen Worten Ihre Arbeit der Festversammlung vorzustellen!

* * *

Meine sehr verehrten Damen und Herren,

auf einmütig gefassten Beschluss des Vergabeaus-
schusses wird Herr Adam Zagajewski mit dem Dr.
Leopold-Lucas-Preis 2016 ausgezeichnet. Er hat in
Polen seine Kindheits-, Jugend- und Studienjahre erlebt, er ist heute in Krakau zu Hause – aber ihm sind
Deutschland, Frankreich und auch die Vereinigten
Staaten durchaus nicht unbekannt, hat er doch seit
vielen, vielen Jahren ganz regelmäßig in den USA an
der Universität Creative Writing in Houston (Texas)
gelehrt und ist im Department of Slavic Languages
and Literatures der Division of the Humanities der
University of Chicago zum Ferdinand Schevill Distinguished Service Professor of Social Thought be-
rufen. Und 2012 wurde er von der Jagiellonischen
Universität Krakau mit der Ehrendoktorwürde aus-

know that he would rather be called simply by his given name and not by his academic title – despite the academic context of this gathering.

I will happily abide by his wishes, because it aids us to witness how Adam Zagajewski assuredly has not been restricted or has not restricted himself to the academic world, and likewise his observations have never been limited by the purely academic horizon of Psychology and Philosophy, his fields of study. Neither has he distanced himself from academic discourse.

His experiences of his youth and as an adolescent are unmistakably and intrinsically part of his life's journey. He grew up in Gleiwitz and studied in Krakow. In the 1960s and 1970s Poland was led by Wladislaw Golmulka's and Edward Gierek's communist-socialist governments. Adam Zagajewski was appointed assistant at the Institute for Social Sciences of the Academy for Mining and Metallurgical Industry in Krakow. At the same time he was one of the founders of the "Flying University" – a

gezeichnet. So ist er im akademischen Bereich bestens ausgewiesen! In der sehr angenehmen Korrespondenz, die er und ich vor der heutigen Festveranstaltung geführt haben, hat er aber wissen lassen, dass es ihm lieber – weil seinem Selbstverständnis angemessener – ist, wenn auch heute, auch wenn wir uns im universitären Rahmen bewegen, das Augenmerk nicht auf den Glanz akademischer Titel ausgerichtet wird, sondern er einfach mit seinem Namen firmiert und genannt wird.

Diesem Wunsch sei gerne entsprochen – denn er verhilft dazu, sofort wahrzunehmen, dass Adam Zagajewski ganz gewiss nicht im Bereich des Akademischen befangen oder gar gefangen geblieben ist und dass seine Wahrnehmung und sein Wirken auch nie begrenzt gewesen ist auf einen bloß fachwissenschaftlichen Horizont seiner Studienfächer Psychologie und Philosophie. Er ist allerdings auch nie auf Distanz zum akademischen Diskurs gegangen.

Unverwechselbar und unaustauschbar gehören zu seinem Lebensweg die Prägungen, die er in den Jahren seiner Jugend und dann in den Jahren als junger Erwachsener – aufgewachsen ist er in Gleiwitz, studiert hat er dann in Krakau – erfahren hat. Polen war in dieser Zeit, in den 1960er und 1970er Jahren, bestimmt von kommunistisch-sozialistischen Regierungen unter der Führung von Wladislaw Golmulka und Edward Gierek. Adam Zagajewski wurde Assistent am Institut für Gesellschaftswissenschaften

half-legal college which sought to offer an alternative to the socialist state education in Poland. Until the declaration of martial law in 1981 students and scientists would meet under this name in private dwellings to attend lecture series. These lectures discussed themes that were either banned or heavily censured by the state-controlled publishing houses and official academia. As a member of the civil rights committee "Komitet Obrony Robotników (KOR)," the "Committee for the Defence of the Workers," Zagajewski supported the emerging Polish civil rights movement. This social and political engagement was not without consequences, for in 1976 Adam Zagajewski was banned from publishing in Poland due to his oppositional activities.

By this time he had already established a career as a poet: in 1972 he published 'Kommunikat' (The Communiqué), in 1975 'Sklepy miesne' (Butcher's shop), and in 1978 'List' (The Letter). In these poetry volumes he touched upon existential as well as political themes. Moreover, he had also expressed himself critically with literature that had been published in Poland.

der Krakower Akademie für Berg- und Hüttenwesen. Er beteiligte sich aber auch an der Gründung der „Fliegenden Universität" – einer halblegalen Hochschule, die sich als Alternative zum sozialistischen staatlichen Erziehungswesen in Polen verstand und in deren Rahmen sich bis zur Ausrufung des Kriegsrechts 1981 Studenten und Wissenschaftler zu Vorlesungsreihen in Privaträumen trafen. Dabei wurden Themen erörtert, die in der staatlichen Publizistik und im offiziellen Wissenschaftsbetrieb nicht oder in nur zensierter Form zur Sprache kamen. Als Mitglied der Bürgerrechtsbewegung Komitet Obrony Robotników (KOR), des „Komitees zur Verteidigung der Arbeiter", hat er die sich bildende polnische Bürgerrechtsbewegung unterstützt. Dieses gesellschaftliche und politische Engagement blieb nicht folgenlos, 1976 wurde Adam Zagajeweski wegen seiner oppositionellen Tätigkeit ein Publikationsverbot in Polen erteilt.

Zu dieser Zeit war er bereits als Lyriker hervorgetreten, hatte er doch 1972, 1975 und 1978 mit „Kommunikat" („Das Kommuniqué"), „Sklepy miesne" („Fleischläden") und „List" („Der Brief") Lyrik-Bände veröffentlicht, in denen er ebenso existentielle wie politische Themen ansprach. Und ebenso hatte er sich in Essays kritisch mit der in Polen erschienenen Literatur auseinandergesetzt.

In 1979, in the context of DAAD's programme for artists, Adam Zagajewski moved for two years to West-Berlin. With his publication "Poland. State in the Shadow of the Soviet Union," he presented a characterisation of the political, cultural, and overall social situation of his home country. From this publication it is evident to which extent the animosity against the socialist regime and system of Poland was shared by Polish society and by artists and intellectuals in particular. The trade union "Solidarity" organised plant occupations against the regime in 1980 across cities on Poland's (Baltic) coastal line.

From 1982 onwards, after the declaration of martial law, Adam Zagajewski lived for twenty years in exile in Paris. Here he was closely connected to the group that had established the Polish exile journal "Kultura". At the same time, his attempts to assimilate were less successful, and he writes openheartedly about his experiences in 1995: "It is very easy to learn to know the streets, to feel at home at some of the cafes and restaurants, but in essence Paris is a very mysterious city. It does not open up to newcomers. Besides that, the Parisian literary scene has a reputation that it does not allow membership to foreigners. It is very closed off. Polish people are not the only ones being affected by this scene's isolation; almost all foreign authors who live in France suffer the same fate.

Im Rahmen des Künstlerprogramms des DAAD kam Adam Zagajewski 1979 für zwei Jahre nach West-Berlin. Mit seiner Publikation „Polen. Staat im Schatten der Sowjetunion" legte er damals eine Charakterisierung der politischen, kulturellen und gesamtgesellschaftlichen Situation seines Heimatlandes vor, aus der ersichtlich ist, in welchem Maße das Aufbegehren gegen das sozialistische Regime und System in Polen, das 1980 durch von der Gewerkschaft „Solidarität" organisierte Werksbesetzungen in Städten an Polens Ostseeküste Ausdruck gewann, aus der Breite der polnischen Gesellschaft getragen und insbesondere auch von Künstlern und Intellektuellen gestützt wurde.

Von 1982 an, nach Ausrufung des Kriegsrechts in Polen, hat Adam Zagajewski dann für zwei Jahrzehnte als Exilant in Paris gelebt. Dort hat er in enger Verbindung zur Gruppe um die polnische Exilzeitschrift „Kultura" gestanden – und sich zugleich mit einer Assimilation in Frankreich schwergetan; ganz offen hat er das noch 1995 beschrieben: „Es ist sehr leicht, die Straßen kennen zu lernen, sich in einigen Cafés und Restaurants heimisch zu fühlen, aber im Grunde genommen ist Paris eine sehr geheimnisvolle Stadt. Es gibt sich Ankömmlingen nicht hin. Außerdem ist die Pariser Literatenszene dafür bekannt, daß sie keine Leute aus anderen Ländern aufnimmt. Sie ist sehr geschlossen. Die Isolation durch diese Szene betrifft nicht nur Polen, sondern beinahe

That is why I have much better contacts with American and German authors than with the French."[17]

This is how in Paris Adam Zagajewski expanded his perspective beyond Western Europe. Since 1987 his European horizon was broadened by frequent work at universities in the USA.

In this way Adam Zagajewski observed the events of time from very different perspectives. As such he was able to develop a perspective which was not restricted to the immediate moment but which sought to demand approval through never easy assimilation to mainstream opinion. Trying to explain what this means in my own words must lie some distance behind the skilful formulation in which Adam Zagajewski would have been able to present it himself. In order to demonstrate how clearly he observes, how detailed are his descriptions, and how he knows how to argue either trenchant or endearing, I shall already give him the floor now (before he will speak to us himself) – I will quote from a segment from one of his essays, which appeared in 2011 in the journal "Sinn und Form" under the title "Unser Europa" [Our Europe]:

alle ausländischen Schriftsteller, die in Frankreich leben. Deshalb habe ich auch viel bessere Kontakte zu amerikanischen oder zu deutschen Schriftstellern, als zu französischen."[17]

So blieb es für Adam Zagajeweski nicht bei einer westeuropäischen Perspektive, die er in Paris gewann. Sein europäischer Horizont erweiterte sich durch ein seit 1987 regelmäßig von ihm wahrgenommenes universitäres Wirken in den USA.

Auf diese Weise hat Adam Zagajewski das Geschehen der Zeit aus ganz unterschiedlichen Facetten wahrgenommen – und so eine Perspektive zu entwickeln vermocht, die nicht dem bloßen Augenblick verhaftet blieb und sich schon gar darin zu gefallen suchte, Beifall durch bequeme Assimilation an den Mainstream der Meinungen zu erheischen. Was das ausmacht, mit eigenen Worten referierend umreißen zu wollen, dürfte bei weitem hinter der gekonnten Formulierung zurückbleiben, in der es Adam Zagajewski selbst vorzutragen vermocht hat. Um deutlich werden zu lassen, wie scharf er beobachtet, wie präzise er beschreibt und wie pointiert und zugleich gewinnend er zu argumentieren versteht, gebe ich ihm (bevor er gleich selbst zu uns sprechen wird) hier schon einmal das Wort, indem ich einen Auszug aus einem Essay zu Gehör bringe, den er 2011 in der Zeitschrift „Sinn und Form" unter der Überschrift „Unser Europa" veröffentlicht hat:

"It does not cost much to ponder the European spirit, to sing the praises of Europe's past, its ancient walls, and quaint ruins. What joy to visit Benedetto Croce's archive in Naples. The aura of great European thinkers still dwells in bright rooms full of books. | But the moral balance sheet of our little, intelligent continent is not even nearly that positive: it is the origin of fascism, Nazism, communism, colonialism, and the Shoah. The European spirit did not just yield good things. The often reticent indifference of the West with regard to Soviet-occupied Eastern Europe also belongs to this realm of crimes and infractions. It can still be understood that Western Europeans did not want to see what happened there, because it is human. It is much worse that despite Orwell quite a number of academics from their comfortable homes in Paris or London declared to the people in Budapest, Warsaw, and Prague how the Soviet system was superior to western democracy, despite its temporary difficulties (for some unknown reason there were always temporary difficulties). During a visit to Warsaw Sartre tried to persuade his embittered interlocutors that Soviet communism promised a better future. When during a lecture in Warsaw in the late 1950s Stephen Spender asked Polish intellectuals: "Are there any communists amongst you?" they replied after a short hesitation: "You are too late, Sir." The list of Western European intellectuals and artists who are guilty of such gullibility and

„Es kostet nicht viel, den europäischen Geist zu beschwören, Europas Vergangenheit, seine alten Mauern und malerischen Ruinen zu besingen. Was für eine Freude ist etwa ein Besuch in Benedetto Croces Archiv in der Altstadt von Neapel. In den hellen Räumen voller Bücher schwebt noch die Aura eines großen europäischen Denkers. | Die moralische Bilanz unseres kleinen, intelligenten Kontinents ist nicht annähernd so positiv: Ursprungsort von Faschismus, Nazismus, Kommunismus, Kolonialismus, der Shoah. Der europäische Geist hat nicht nur Gutes hervorgebracht. Zu den Verbrechen und Verfehlungen gehört auch die oft verschwiegene Gleichgültigkeit des Westens gegenüber dem sowjetisch beherrschten Osteuropa. Daß die Westeuropäer nicht sehen wollten, was dort geschah, wäre noch zu verstehen, weil es ja menschlich ist. Viel schlimmer ist, daß trotz Orwell nicht wenige hochgelehrte Akademiker von ihren behaglichen Wohnungen in Paris oder London aus den Leuten in Budapest, Warschau und Prag erklärten, warum das sowjetische System trotz aller zeitweiligen Schwierigkeiten (aus unerfindlichen Gründen gab es ständig zeitweilige Schwierigkeiten) der westlichen Demokratie überlegen war. Während eines Besuchs in Warschau wollte Sartre seinen verbitterten Gesprächspartnern doch tatsächlich einreden, dass der Sowjetkommunismus eine bessere Zukunft verheiße. Als Stephen Spender bei einem Vortrag Ende der fünfziger Jahre in

ignorance is long and famous: even the theologian
Karl Barth belonged to it (God did apparently not tell
anything about politics). | The miserable hesitations
and non-intervention in the war in Former Yugosla-
via cannot be forgotten either: Europe did not cover
itself with glory in Sarajevo, Srebrenica, and else-
where, despite the flourishing European rhetoric and
the numerous Europe-conferences held. How can we
be certain that such apathy is not repeated with similar tragedies? It often comes across as if the Europeans
are a literary society: they love the word, but what
about the deeds?"[18]

As mentioned before, this was written in 2011.
Has it lost its explosive character over the past five
years? Or should we, must we now, in the year 2016,
repeat the questions that Adam Zagajewski asked, in
a similar or even more urgent way, particularly in
light of the Russian annexation of Crimea, the war in
Eastern Ukraine, the economic crisis in and around
Greece, and the political developments in Turkey, as
well as deals with Turkey?

Warschau polnische Intellektuelle fragte: ‚Sind unter Ihnen Kommunisten?‘, erwiderten diese nach kurzem Zögern: ‚Sie kommen zu spät, Sir.‘ Die Liste der westeuropäischen Intellektuellen und Künstler, die sich einer solchen Leichtgläubigkeit und Ignoranz schuldig machten, ist lang und bekannt; sogar der Theologe Karl Barth gehörte dazu (zur Politik hat Gott anscheinend nichts gesagt). | Und auch das jämmerliche Zögern und Nichteingreifen während der Kriege im ehemaligen Jugoslawien ist nicht vergessen; in Sarajevo, Srebrenica und anderswo hat Europa sich nicht mit Ruhm bedeckt, obwohl die europäische Rhetorik blühte und es zahlreiche Europa-Konferenzen gab. Wie können wir sicher sein, daß sich diese Passivität bei ähnlichen Tragödien nicht wiederholt? Manchmal hat es den Anschein, als wären die Europäer eine Literatengemeinschaft: Sie lieben das Wort, aber wie steht es mit der Tat?“[18]

Dies ist, wie gesagt, 2011, formuliert – hat es in den seitdem vergangenen fünf Jahren etwas an Brisanz eingebüßt? Oder könnten, müssten wir uns in der Gegenwart des Jahres 2016 nach der russischen Annektion der Krim, dem Krieg im Osten der Ukraine, den ökonomischen Verwerfungen in und um Griechenland und den politischen Entwicklungen in und Deals mit der Türkei diese Fragen, die Adam Zagajewski gestellt hat, nicht wieder in ganz ähnlicher, ja noch dringlicherer Weise vorhalten lassen?

Up till now this encomium has failed to adequately illustrate that when searching for information about Adam Zagajewski on the internet, the first hits will tell that he is a poet. Many years ago he already made clear that the world of poetry is not a special world for him into which he had turned away or even escaped. This is why today we call to memory an interview which he gave in 1985, and when asked "what is the poetic gift, what distinguishes the poet from a common mortal being?" he answered: "The differences between the poet and the reader of poetry are not substantial. The poet and the reader have to deal with spiritual life; they have to know what it is: every mysterious but also simple spiritual life. Nobody can quite grasp what poetical talent is. However, from an outsider's perspective it would appear that the gift of writing is a sudden enlightenment, a moment of intensive spirituality, and that is the only true difference between the reader of poetry and the poet. Essentially they move in the same territory, the poet only has one additional element. – From time to time he succeeds, by a moment of inspiration, in formulating his experiences with language and with form in such a way that it results in a piece of poetry."[19]

Schuldig geblieben ist diese Laudatio bis hierher, in hinreichender Weise eine Kontur davon zu zeichnen, dass man, wenn man eine Information zu Adam Zagajewski aufruft, stets als erstes erfährt, dass er Lyriker ist. Dass die lyrische aber für ihn keine Sonderwelt ist, in die er sich abhebt oder gar flüchtet, hat er schon vor vielen Jahren zu verstehen gegeben – und darum sei heute in Erinnerung gebracht, was er in einem Interview, das er bereits 1985 geführt hat, auf die Frage „Und was ist die dichterische Gabe, was unterscheidet den Dichter von den gewöhnlichen Sterblichen?" geantwortet hat: „Zwischen dem Dichter und dem Leser der Dichtung sind die Unterschiede nicht groß. Die Dichter und die Leser müssen mit dem Geistesleben zu tun haben, sie müssen wissen, was das ist: jenes geheimnisvolle, aber auch sehr einfache Geistesleben. Denn was poetisches Talent ist, das weiß niemand so genau. Obwohl, wenn man es von außen betrachtet, so scheint es, daß es die Gabe des Niederschreibens einer plötzlichen Erleuchtung ist, eines Moments intensiver Geistigkeit, und das ist der einzige wirkliche Unterschied zwischen dem Leser der Dichtung und dem Dichter. Im Grunde genommen bewegen sich beide auf dem selben Territorium, nur hat der Dichter jenes zusätzliche Element. – Von Zeit zu Zeit gelingt es ihm, durch einen Moment der Inspiration, mit der Sprache, mit der Form, seine Erfahrungen so zu formulieren, daß daraus ein Stück Poesie wird."[19]

Of course he succeeded in writing many pieces of poetry – and those who would wish to get an impression may look forward to many insightful and instructive hours of reading.

Adam Zagajewski's work has been recognised internationally as belonging to the most outstanding. A great number of prizes and honours may count as evidence thereof. It would go well beyond the time limits of this encomium to present a complete list. His work has philosophical and theological aspects, it is characterised by moral claims, thoroughly meditates reality, it unfolds as vividly as insistently. As an empathetic author Adam Zagajewski knows how to simultaneously employ humour as well as scepticism. His background and personal life experience have allowed him through his work to build bridges between Eastern and Western Europe, as well as to the North American continent. In his social and political engagement he always stood up against dictatorship and censure. His way of life and his work speak to and justify in a most extraordinary way the concern that is connected to the conferment of the Dr Leopold Lucas Prize. The conferment of such a prize is intended to honour such personalities who have excelled in the field of philosophy, historical studies, or theology, and who have, at the same time, in a special way contributed to the understanding between people and peoples, as well as to the spread of tolerance. Adam Zagajewski has achieved this, and there-

Viele Stücke Poesie sind ihm gelungen – und wer davon einen eigenen Eindruck gewinnen möchte, der kann sich auf viele aufschlussreiche wie instruktive Lektürestunden freuen.

Adam Zagajewskis Werk ist international auf das Hervorragendste anerkannt; eine große Vielzahl von Preisen und Ehrungen, die hier aufzulisten im zeitlich begrenzten Rahmen einer Laudatio gar nicht mehr gelingen kann, stellt dies unter eindrücklichen Beweis. Philosophische wie theologische Aspekte, von moralischem Anspruch geprägt, meditativ die Wirklichkeit durchmusternd, entfaltet er ebenso anschaulich wir eindringlich. Als einfühlsamer Autor versteht es Adam Zagajewski, zugleich Töne des Humors wie der Skepsis anzuschlagen. Auf dem Hintergrund seiner persönlichen Lebenserfahrung hat er mit seinem Werk Brücken der Begegnung und des Verstehens zwischen Ost- und Westeuropa und auch hin zum nordamerikanischen Kontinent zu schlagen vermocht; in seinem politischen wie gesellschaftlichen Engagement ist er stets Diktatur und Zensur entgegengetreten. Sein Lebensweg und Lebenswerk werden dem Anliegen, das mit der Vergabe des Dr. Leopold Lucas-Preises verbunden ist, in einer besonderen Weise gerecht, sollen doch durch die Vergabe dieses Preises solche Persönlichkeiten gewürdigt werden, die sich auf den Gebieten der Philosophie, der (historischen) Geisteswissenschaften oder auch der Theologie besonders ausgezeichnet haben und

fore I thank you, Mr Zagajewski, very sincerely!
This gratefulness is now to be expressed by presenting you with the certificate that belongs to the conferment of the prize.

※ ※ ※

Congratulations,
dear Mr Zagajewski!

You gave your lecture the title: "Poetry flies the
white flag." According to Article 32 of The Hague
Conventions the white flag represents the negotiator
who acts as envoy for the belligerents, and who is to
negotiate with the combatant. He has a right to invi-
olability, and the same goes for the trumpeter, horn
player or drummer, flag bearer, and interpreter who
accompany him. I assume that you, Mr Zagajewski,
will now elaborate in which way it can be a chance
and a duty for poetry to perform this mediating task.
We are excited to listen to your words.

die sich zugleich in besonderer Weise um die Verständigung zwischen Menschen und Völkern sowie um die Verbreitung des Toleranzgedankens verdient gemacht haben. Das hat Adam Zagajewski getan, und dafür sei Ihnen, Herr Zagajewski, aufrichtig gedankt! Ausdruck soll dieser Dank nun dadurch finden, dass ich Ihnen die zur Verleihung des Preises gefertigte Urkunde überreichen darf.

* * *

Herzliche Gratulation,
sehr verehrter Herr Zagajewski!

Ihren Festvortrag haben Sie mit der Überschrift versehen: „Die Poesie hängt die weiße Flagge aus". Nach Artikel 32 der Haager Landkriegsordnung kennzeichnet die weiße Flagge den Parlamentär, der von einem der Kriegführenden bevollmächtigt ist, mit dem anderen in Unterhandlungen zu treten. Er hat Anspruch auf Unverletzlichkeit, ebenso der ihn begleitende Trompeter, Hornist oder Trommler, Fahnenträger und Dolmetscher. In welcher Weise es Chance und Aufgabe der Poesie ist, gerade diese vermittelnde Aufgabe wahrzunehmen, das, denke ich, werden Sie uns, Herr Zagajewski, nun entfalten. Wir sind gespannt darauf.

Notes

1 Lucas, Franz D[…]: [Rede am 5. März 1986]. In: Zur Erinnerung in Liebe und Ehrfurcht an Rabbiner Dr. Leopold Lucas […] und seine treue Frau Dorothea Lucas geb. Janower. Herausgegeben vom Magistrat der Universitätsstadt Marburg, Presseamt, in Zusammenarbeit mit der Gesellschaft für Christlich-Jüdische Zusammenarbeit in Marburg. Marburg 1987. P. [2]–[4]; quote p. [3].

2 Ebd.

3 Ebd.

4 Ebd.

5 A.a.O., p. [4].

6 A.a.O., p. [3].

7 A.a.O., p. [4].

8 A.a.O., p. [3].

9 Cohn, Willy: Kein Recht, nirgends. Tagebuch vom Untergang des Breslauer Judentums 1933–1941. Bd. 1. Ed. Norbert Conrads. 3rd unchanged edition, Köln/Weimar/Wien 2007. p. 382.

10 Ebd.

11 Ebd.

12 Cited in Lucas, [Rede] (as note 1), p. [4].

13 Levison, Nathan Peter: [Speech without Title]. In: Zur Erinnerung in Liebe und Ehrfrucht an Rabbiner Dr. Leopold Lucas […] und seine treue Frau Dorothea Lucas geb. Janower. Herausgegeben vom Magistrat der Universitätsstadt Marburg, Presseamt, in Zusammenarbeit mit der Gesellschaft für Christlich-Jüdische Zusammenarbeit in Marburg. Marburg 1987. P. [13]–[16]; quote p. [15].

14 Quoted from Lucas, [Rede] (as Anm. 1), p. [4].

15 According to Leo Baeck in a letter to Franz D. Lucas 30th November 1945. Printed in: Dettmering, Erhart (ed.): Rabbiner Dr. Leopold Lucas. Marburg 1872–1943 Theresienstadt. Versuch einer Würdigung. Marburg 1987. [= Marburger Stadtschriften zur Geschichte und Kultur 21], p. 43. See also Surkau, Hans-Werner: [Rede am 8. März 1987]. In: Zur Erinnerung in Liebe und Ehrfurcht an Rabbiner Dr. Leopold Lucas […] und seine treue Frau Dorothea Lucas geb. Janower. Herausgegeben vom Magistrat der

Anmerkungen

1 Lucas, Franz D[...]: [Rede am 5. März 1986]. In: Zur Erinnerung in Liebe und Ehrfurcht an Rabbiner Dr. Leopold Lucas [...] und seine treue Frau Dorothea Lucas geb. Janower. Herausgegeben vom Magistrat der Universitätsstadt Marburg, Presseamt, in Zusammenarbeit mit der Gesellschaft für Christlich-Jüdische Zusammenarbeit in Marburg. Marburg 1987. S. [2]–[4]; Zitat S. [3].

2 Ebd.

3 Ebd.

4 Ebd.

5 A.a.O., S. [4].

6 A.a.O., S. [3].

7 A.a.O., S. [4].

8 A.a.O., S. [3].

9 So Cohn, Willy: Kein Recht, nirgends. Tagebuch vom Untergang des Breslauer Judentums 1933–1941. Bd. 1. Hg.v. Norbert Conrads. 3., unveränderte Aufl. Köln/Weimar/Wien 2007. S. 382.

10 Ebd.

11 Ebd.

12 Zitiert bei Lucas, [Rede] (wie Anm. 1), S. [4].

13 Levinson, Nathan Peter: [Ansprache ohne Titel]. In: Zur Erinnerung in Liebe und Ehrfurcht an Rabbiner Dr. Leopold Lucas [...] und seine treue Frau Dorothea Lucas geb. Janower. Herausgegeben vom Magistrat der Universitätsstadt Marburg, Presseamt, in Zusammenarbeit mit der Gesellschaft für Christlich-Jüdische Zusammenarbeit in Marburg. Marburg 1987. S. [13]–[16]; Zitat S. [15].

14 Zitiert in: Lucas, [Rede] (wie Anm. 1), S. [4].

15 So Leo Baeck an Franz D. Lucas, 30. November 1945. Abgedruckt in: Dettmering, Erhart (Hg.): Rabbiner Dr. Leopold Lucas. Marburg 1872–1943 Theresienstadt. Versuch einer Würdigung. Marburg 1987. [= Marburger Stadtschriften zur Geschichte und Kultur 21] S. 43. Vgl. auch Surkau, Hans-Werner: [Rede am 8. März 1987]. In: Zur Erinnerung in Liebe und Ehrfurcht an Rabbiner Dr. Leopold Lucas [...] und seine treue Frau Dorothea Lucas geb. Janower. Herausgegeben vom Magistrat der Universitätsstadt Marburg,

Universitätsstadt Marburg, Presseamt, in Zusammenarbeit mit der Gesellschaft für Christlich-Jüdische Zusammenarbeit in Marburg. Marburg 1987, p. [9]–[11]; here p. 11.

16 S. Blum, Daniela: Multikonfessionalität im Alltag. Speyer zwischen politischem Frieden und Bekenntnisernst (1555–1618). Münster 2015. [= Reformationsgeschichtliche Studien und Texte 162].

17 See Zagajewski, Adam/Goźliński, Paweł: Zwischen Gesang und Intellektualismus. Mit dem Dichter Adam Zagajewski spricht Paweł Goźliński. In: Zycie Warszawy 4.–5.02.1995.

18 Adam Zagajewski: Unser Europa. In: Sinn und Form 63,1 (2011), p. 5–10.

19 See [Zagajewski, Adam/Wildstein, Bronisław:] "Die Zustimmung ist nicht meine Sache." Mit Adam Zagajewski spricht Bronisław Wildstein [Bronisław Wildstein in dialogue with Adam Zagajewski]. In: Na Głos 29 (1991) No. 4.

Presseamt, in Zusammenarbeit mit der Gesellschaft für Christ-lich-Jüdische Zusammenarbeit in Marburg. Marburg 1987. S. [9]–[11]; dort S. [11].

16 S. Blum, Daniela: Multikonfessionalität im Alltag. Speyer zwischen politischem Frieden und Bekenntnisernst (1555–1618). Münster 2015. [= Reformationsgeschichtliche Studien und Texte 162].

17 So Zagajewski, Adam/Goźliński, Paweł: Zwischen Gesang und Intellektualismus. Mit dem Dichter Adam Zagajewski spricht Paweł Goźliński. In: Zycie Warszawy 4.–5.02.1995.

18 So Adam Zagajewski: Unser Europa. In: Sinn und Form 63,1 (2011), S. 5–10.

19 So [Zagajewski, Adam/Wildstein, Bronisław] „Die Zu-stimmung ist nicht meine Sache". Mit Adam Zagajewski spricht Bronisław Wildstein. In: Na Głos 29 (1991) Nr. 4.

Die bisherigen Preisträger

1974 Schalom Ben-Chorin
1975 Andreas Nissen
1976 Elias Bickermann
1977 Shmuel Sambursky
1978 Kurt Scharf
1979 Eberhard Bethge
1980 Dumitru Stăniloae
1981 Karl Popper
1982 Karl Rahner
1983 Léopold Sédor Senghor
1984 Hans Jonas
     und Fritz Stern
1985 Mohamed Talbi
1986 Christoph Albrecht und
     Ernst Gottfried Lowenthal
1987 Tullio Vinay
1988 Tenzin Gyatso, 14. Dalai Lama
1989 Paul Ricœur
1990 Bruno Bettelheim
1991 Henry Chadwick
1992 Annemarie Schimmel
1993 André Chouraqui
1994 Christian Graf von Krockow
1995 Sergej Averintsev
1996 Pnina Navè-Levinson
     und Nathan Peter Levinson
1997 Henryk Muszyński
1998 Michael Walzer
1999 Steven Theodore Katz

2000 Richard von Weizsäcker
2001 Michael Theunissen
2002 Moshe Zimmermann
2003 Martin Gilbert
2004 Sadik J. Al-Azm
2005 Yosef Hayim Yerushalmi
2006 René Girard
2007 Eduard Lohse
2008 Dieter Henrich
2009 Karen Armstrong
2010 Peter L. Berger
2011 Avishai Margalit
2012 Seyla Benhabib
2013 Giorgio Agamben
2014 Peter Schäfer
2015 Angelika Neuwirth
2016 Adam Zagajewski